암호화폐
살인 사건

암호화폐 살인 사건

발행일   2024년 2월 22일

지은이   김종갑
펴낸이   손형국
펴낸곳   (주)북랩
편집인   선일영   편집   김은수, 배진용, 김다빈, 김부경
디자인   이현수, 김민하, 임진형, 안유경, 신혜림   제작   박기성, 구성우, 이창영, 배상진
마케팅   김회란, 박진관
출판등록 2004. 12. 1(제2012-000051호)
주소   서울특별시 금천구 가산디지털 1로 168, 우림라이온스밸리 B동 B113~114호, C동 B101호
홈페이지 www.book.co.kr
전화번호 (02)2026-5777   팩스   (02)3159-9637

ISBN   979-11-93716-80-9 03320(종이책)   979-11-93716-81-6 05320 (전자책)

투자자의 관점에서 바라본 가상자산시장과 코인

김종갑 지음

암호화폐 살인 사건

암호화폐는 과연 '제2의 튤립 투기'일까?

암호화폐 탐험가 김종갑 박사가
암호화폐에 대한 잘못된 인식을 바로잡고,
신중하고 균형 잡힌 투자의 길로 당신을 안내한다!

북랩

목차

암호화폐 살인 사건

살인 사건

.

"앗, 뭐 하는 거야! 이거 놔! 놓으란 말이야!!" 하고 남성이 저항하며 소리쳤다.

"조용히 해!" 하고 그들이 낮은 소리로 위협했다.

최근 암호화폐 투자가 불러온 살인 사건이 있었다. 2023년 3월 말의 어느 밤, 서울 강남의 한 아파트 앞. 늦은 시간이라 사람의 발길이 뜸하다. 아파트 입구 도로에 검은색 승용차가 서 있다. 한 남성이 아파트 입구로 걸어오는 모습이 보였다. 그가 차 곁으로 다가오자, 차에서 2명의 남자가 뛰쳐나와 그를 강제로 차에 태웠다.

순식간에 사건이 일어났고, 그를 태운 차는 쏜살같이 사라졌다. 인적이 드물었지만, 운 좋게도 이 광경을 본 사람이 있었다. 목격자는 즉시 경찰에 신고했다. 경찰은 납치 사건으로 단정하고 신속하게 수사팀을 꾸렸다.

다음날 강남경찰서로 한 통의 전화가 걸려 왔다. "우리 아빠가 어제 집에 들어오지 않았어요, 회사에 전화해도 출근하지 않았다고 해요!"라며 대학생인 듯한 여성이 울먹이며 말했다.

어제 신고된 납치 사건과 여대생의 전화가 동일 사건이라는 사실을 간파한 경찰은 수사에 박차를 가했다. 경찰은 CCTV를 분석해 남성들의 신체 특성과 차량 번호를 확인했다. 차량 번호를 수배한 경찰은 납치 사건 다음 날 서울 시내 주택가 골목에서 범행 차량을 발견했다. 경찰은 차 안에서 혈흔과 피 묻은 곡괭이와 삽, 그리고 노끈을 증거물로 확보했다.

경찰은 용의자들이 서울에 들어와 뿔뿔이 흩어진 것을 알아냈다. 대대적인 검거 작전을 펼친 결과, 경찰은 곧바로 용의자 두 명을 체포했다. 사건이 발생한 지 이틀 만에 용의자를 검거한 경찰의 민첩한 대응이 돋보였다.

용의자를 심문하는 과정에서 경찰은 공범이 더 있음을 알게 되었고, 이들을 추적한 끝에 모두 6명의 용의자를 검거했다. 용의자들은 남성을 살해한 후, 강원도 야산에 시신을 암매장했다고 자백했다. 경찰은 이들이 지목한 야산 일대를 수색한 끝에 피해자의 시신을 찾았다. 납치 사건 중에서는 보기 드물게 규모가 큰 사건이다.

이 사건은 암호화폐 투자를 둘러싼 배신과 음모에 뿌리를 둔 복수극이었다. 사건의 배후에는 유력 재력가가 있다는 사실이 밝혀졌다. 납치 강도를 지시한 재력가와 피해자 사이에는 암호화폐의 투자를 둘러싼 큰 다툼이 있었다. '네처럴에어테크코인'이라 불리는 코인 투자 과정에서 큰 손해를 입은 재력가가 자금을 회수하기 위해 사람을 고용해 일으킨 강도 납치 사건이다.

도대체 암호화폐가 무엇이길래 온 나라가 들썩이는지 궁금하다. 이 사건을 알기 위해서는 암호화폐를 제대로 이해할 필요가 있다. 먼저 암호화폐의 역사와 최근의 시장 동향을 살피는 것으로 이야기를 시작하자.

암호화폐의 실체가 무엇인지, '사토시 나카모토(Satoshi Nakamoto)'라는 사람이 왜 비트코인을 개발했는지를 이야기하자. 사람들이 말하기를 1600년대 네덜란드에 휘몰아친 튤립 투기와 암호화폐 투기가 닮았다고 한다. 그게 사실인지도 확인해보자.

우리나라만 해도 수백 종류의 암호화폐가 있다. 종류를 나열만 해도 왜 이렇게 많은지 어안이 벙벙하다. 이렇게 많은 암호화폐가 존재하게 된 이유와 한국인 권모씨가 만든 암호화폐 '루나코인'의 대폭락, 그리고 이 사건으로 촉발된 암호화폐의 흑역사도 이야기할 것이다. 이 과정을 통해 암호화폐의 옥석을 구분하고, 자산가치를 지닌 암호화폐에는 어떤 것이 있는지 자연스레 파악할 수 있다.

달러만 되고
비트코인은 안 되나?

•

달러가 국제 간 결제와 금융 거래의 기본 통화, 즉 기축통화가 된 것은 1944년이다. 그 이후 약 80년 동안 미국은 마음대로 달러를 찍어내며 세계 경제를 쥐락펴락했다. 덕분에 미국 정부는 국가 채무를 줄일 생각보다 일만 생기면 달러를 발행해 해결했다. 역설적이게도 세계에서 가장 빚이 많은 나라가 여전히 세계 최고 부자나라로 군림하고 있다. 그 이유가 기축통화인 달러 덕분이다.

코로나 시기에 발행한 엄청난 돈은 높은 인플레이션으로 되돌아왔다. 계속해서 이자율을 올려도 물가가 쉽게 잡히지 않았다. 언론은 끈적끈적한 인플레이션(Sticky Inflation) 때문에 어쩔 수 없는 일인 것처럼 말한다. 사람들이 소비를 줄이지 않는다거나, 미국 경제가 워낙 견고해서 쉬 물가 상승 압력이 꺾이지 않는다는 주장이다.

미국이 살포한 달러 때문에 세계가 몸살을 앓고 있다. 쉽게 수그러들지 않는 물가 상승 압력이 사람들의 멈추지 않는 소비 탓일까? '혹시 다른 문제가 있는 건 아닐까'하는 의문이 든다. 달러가 실물 경제의 가치를 제대로 반영하지 못하거나 법정 통화가 디지털 경제에서 제대로 작동하지 않는 것인지도 모른다. 그렇다면 이자율을 아무리 올려도 물가 잡는 일이 더딜 수밖에 없다. 그사이 경제는 어려워지고 우리는 고통 받는다.

정보통신 기술과 컴퓨터 네트워크가 발달하기 전, 세계의 통화로 지정된 달러가 초연결성의 사회에서도 무소불위의 권력을 가진다는 게 옳은 일인지 헷갈린다. 이미 세상은 빠르게 디지털화되었는데, 여전히 달러 패권주의가 힘을 발휘하는 것은 문제가 있다고 볼 수 있다. 그렇다면, 진짜 달러 외에는 답이 없는 걸까. 아니, 꼭 법정 화폐만 사용해야 할까.

속이 쓰리지만, 세계에 어디서나 자유롭게 쓸 수 있는 것은 달러뿐이다. 사정이 이렇다 보니, 사람들은 일만 생겼다 하면 달러나 미국 국채를 사려고 안달복달한다. 러시아가 우크라이나를 침공해도 미국 달러를 찾고, 이스라엘이 가자 지구를 공격해도 미국 달러만 찾는 현실이 웃기다 못해 슬프다.

미국 달러가 지구인의 사랑을 받는 만큼 제 역할을 하는 것도 아니다. 혜택만 누리고 책임을 지지 않는 월스트리트의 도덕적 해이가 엿보일 정도다. 뭔 일만 생기면 달러를 살포해 문제를 해결하는 미국이 부럽다.

아무리 예쁜 꽃이라도 때가 되면 시드는 법이다. 세상은 빠르게 온라인으로 바뀌고 디지털로 전환한다. 이런 판국에 언제까지 달러에만 의존할 수 없는 노릇이다. 이제라도 디지털 사회에 걸맞은 새로운 통화가 만들어져야 할지도 모른다. 그것을 비트코인이라 부를 수도 있고, 아니면 각국의 정부가 추진하는 디지털화폐(CBDC: Central Bank Digital Currency)라 할 수도 있다.

최근 한국은행도 자체적으로 디지털 화폐(CBDC) 발행을 위한 연구에 박차를 가한다는 계획을 밝혔다. 비트코인과 이더리움도 디지털화폐의 일종이고 보면, 세계가 스스로 암호화폐의 가능성을 인정한다는 것을 반증한다. 세상은 이렇게 변하고 있고, 앞으로 또 얼마나 변할지 확신할 수 없다. 그렇지만 전통적인 화폐의 개념이 디지털 세상에서는 달라질 가능성이 크다는 사실을 인정해야 한다.

디지털 통화의 대표주자인 비트코인을 사기라든가, 조만간 터질 거품이라고 치부할 수만은 없다. 그러나 세상에는 제대로 가치 저장 기능을 갖지 못한 투기적인 암호화폐가 많은 것도 사실이다. 이제는 암호화폐와 디지털화폐에 대해서도 알아야 할 때가 되었다. 이들을 제대로 구분하고, 그 사이에서 옥석을 가릴 수 있어야 세상이 어떻게 변할지를 짐작이라도 할 수 있을 것이다.

암호화폐,
21세기의 '골드러시'인가?

•

암호화폐를 둘러싼 살인 사건이 왜 일어났을까? 이제부터 사건의 전말과 전개 과정, 그리고 암호화폐가 어떤 것인지 알아보자.

19세기 중반 미국 서부 시대의 '골드러시'에 눈 밝은 사람은 캘리포니아로 달려갔다. 제대로 흐름을 탄 사람은 금광을 발견해 큰 부자가 되었다. 그렇지 못하고 헛물만 켜고 알거지가 사람들도 한둘이 아니었다. 금광을 어떤 사람은 노다지라 불렀고, 어떤 사람은 헛된 욕망이라 불렀다. 금광을 둘러싼 인간의 욕망과 광기 덕분에 미국의 서부 개척 시대가 열렸다.

암호화폐는 블록체인이라는 신기술을 장착한 새로운 디지털화폐다. 어떤 사람은 그것을 '디지털 금'이라고 부르고, 또 다른 사람은 거품이 잔뜩 끼인 허상이라고 부른다. 그곳에도 인간의 욕망과 광기가 넘쳐나고, 그 덕분에 암호화폐와 블록체인 기술을 포함한 웹 3.0이라 불리는 새로운 시장이 열리고 있다.

암호화폐는 수천 년간 막강한 힘을 과시해 온 법정 통화에 반기를

14

들었다. 정보통신과 디지털 기술은 세상을 빠른 속도로 디지털 세계로 전환했다. 동네 슈퍼만 가도 카드나 스마트폰 페이로 결제하고, 현금 없는 버스가 도로를 달린다. 디지털 세상에 새롭게 등장한 것 중 하나가 블록체인 기반의 암호화폐다. 어떤 이들은 비트코인이야말로 지금의 통화가 안고 있는 문제를 해결할 대안이라고 믿는다. 비트코인의 매혹에 푹 빠져 그것을 갖고자 애쓰는 사람이 있는 한 비트코인은 쉽게 사라질 것 같지 않다.

신기술이 사그라지지 않는다면, 그리고 그 기술이 제대로 꽃을 피운다면, 처음 그곳에 제대로 뛰어든 사람은 돈을 번다. 많은 사람이 너도나도 암호화폐를 발행하고, 블록체인 사업에 뛰어든다. 암호화폐라고 불리는 각종 코인이 난무하는 것도 이 때문이다. 먼저 치고 빠지는 사람이 장땡이라는 식의 흐름도 있다. 자기가 발행한 코인이 휴지가 되어도, 그것은 중요한 게 아니다. 물 들어왔을 때 노를 젓는 것처럼 사람이 달려들 때 돈 번다는 심보다.

제대로 정제되지 않는 암호화폐 시장의 혼탁한 질서 속에서 이익을 보는 사람이 있는가 하면, 크게 손해를 보는 사람도 나타나기 마련이다. 이 때문에 코인을 둘러싼 납치가 끝내 살인 사건으로 치달았다. 코인 투자에 따른 손해를 둘러싼 갈등이 『암호화폐 살인 사건』의 시작이다.

암호화폐가 도대체 무엇이길래 사람을 죽이는 일이 벌어지는지 안타깝다. 코인을 샀다가 수십억 원을 손해 본 사람은 화가 날 만하다.

그래서 왜 그 많은 돈을 이름도 낯선 암호화폐에 투자했는지도 궁금하다. 암호화폐나 코인이라는 말은 생소하고, 그 내용도 쉽게 이해되지 않는다. 분명, 누군가의 권유로 많은 돈을 투자했을 것이다. 손해 본 사람도 처음부터 사람을 죽일 생각은 아니었을 것이다. 납치해서 손해를 변제받을 목적으로 납치를 지시했을 것으로 보인다.

암호화폐에 선뜻 수십억 원을 투자할 정도라면, 그것을 권유한 사람과 투자자 사이가 처음에는 나쁘지 않았을 것이다. 살해당한 사람의 권유로 코인을 샀지만, 실체 없는 코인의 가격이 폭락하면서 돈을 날렸다. 어쩌다가 이들 사이가 틀어졌고, 왜 이런 비극적 결말을 맞이했는지 의아하다. 그러기 위해서는 문제가 된 암호화폐의 발행 과정부터 되짚어 보는 것으로 사건 속으로 들어가자.

암호화폐 살인 사건

회사 때려치우고
사업이나 할까?

•

이 이야기는 몇 년 전으로 거슬러 올라간다. 대기업 IT 부서 마케팅 팀장인 황 부장이 경험한 일이다. 그가 비교적 솔직히 암호화폐를 발행하게 된 계기와 과정을 털어놓았다. 지금부터 귀를 쫑긋 세우고 그의 말을 들어보자.

"에고, 이 일도 못 해 먹겠다. 확 때려치워야지."

나는 뚱하게 말한다. 요즘 내 얼굴에는 불안함과 짜증이 묻어난다. 회사 생활이라는 게 누구한테나 쉽지 않은 줄 알지만, 오늘은 더 힘들다.

요즘 들어 고민이 부쩍 늘었다. 내가 맡은 영업 부서가 경쟁사와 매출 실적을 두고 피를 말리는 경쟁 중이다. 매일 엎치락뒤치락, 순위 다툼이 한창이다. 하루하루 실적을 점검하고 목표치를 달성하는 것이 여간 어려운 일이 아니다. 하도 스트레스를 받아 속에서 신물이

날 지경이다.

대학을 졸업하고 줄곧 IT 파트 마케팅 부서에만 근무한 지도 20년이 넘는다. 인터넷 회선 가입을 유도하고, 유무선 통신 장비를 판매하는 것이 우리 팀의 주 업무다. IT를 전공하지 않은 나로서는 프로그램 개발을 할 입장이 아니다. 영업 부서에서 일하지만, 언제까지 버틸 수 있을지 걱정이 앞선다. 그나마 지금은 영업 실적이 나쁘지 않아 근근이 버티고 있는 형편이다.

50대에 들어서니 부쩍 자신감도 떨어진다. 더는 버티기가 쉽지 않을 것 같다. 그때 마침 명예퇴직 공고가 났고, 요모조모 따져보니 조건도 괜찮고 해서 마음이 흔들린다. 이번에 퇴직하면서 명퇴금을 받아, 그 돈으로 사업이나 시작하는 건 어떨까. 지금 회사 인맥과 기존의 인맥을 잘 활용하면 회사에 납품하는 것도 가능할 것이다.

"그래, 더 늦기 전에 정리하자! 사무실 하나 내고, 사업자 등록해 영업하면 밥벌이는 할 거야. 지금 회사에 컴퓨터와 IT 장비만 납품해도 먹고사는 데는 지장이 없어."

며칠을 고민하던 내 얼굴에는 잔뜩 비장미가 넘친다. 무슨 일이 있어도 버틸 때까지 버티라는 아내의 충고를 설득하느라 애를 먹었다. 썩 내키지 않아 하는 아내의 표정을 뒤로하고 명예퇴직을 하기로 결심했다.

암호화폐 살인 사건

회사에서 퇴직한 나는 사업자 등록증도 내고 번듯한 사무실도 차렸다. 내 결정이 맞았을 것이라고 확신하며 사업을 시작했다. 이때만 해도 나는 세상을 씹어 삼킬 듯한 열정으로 기세가 대단했다. 인생이 예상대로만 흘러가면 얼마나 좋을까. 세상은 그리 호락호락하지 않고, 늘 뒤통수를 아프게 때리는 것이 삶이다.

세상인심이 맵다는 것을 깨닫기까지 그리 오랜 시간이 걸리지 않았다. 그전까지는 회사에서 쌓은 인맥이 사업에 큰 도움이 될 것이라 믿었다. 막상 사업을 시작하자 인맥이 어디론가 사라지고 사람 코빼기도 볼 수 없었다. 회사 있을 때는 그렇게 나 좋다고 입이 닳도록 아부하더니 이렇게 모른 척할 수 있을까. 직장으로 맺은 인맥이 허망하다는 소리를 들었지만, 뼈를 때리는 허탈함이 밀려왔다.

비트코인을
아세요?

형님, 비트코인을 아세요?

•

"별수 있나? 맨땅에 헤딩해야지!"

이렇게 말하는 내 속도 쓰리다. 그렇다고 이제 와 회사에 복직할 수도 없는 노릇, 딱한 형편 앞에 놓였다. 죽이 되든 밥이 되든, 아니 무조건 밥이 되도록 발바닥에 불이 나도록 뛰어야 한다는 생각이 들었다. 그렇게 시간은 흐르고 근근이 버티는 생활이 계속되었다.

가끔 힘이 빠질 때도 있지만, 생때같은 자식과 아내를 생각하면 마음을 다잡았다. 어쨌든 아는 인맥을 총동원하면서 겨우 입에 풀칠할 정도로 실적을 올렸다. 아무리 용을 써도 1년 매출이 5억 원 남짓하다. 순이익도 몇 푼 되지 않고, 밑에 사람 월급 주고 나면 남는 게 없다. 그렇다고 달리 뾰족한 수도 없다 보니, 그저 버틸 수밖에 없다.

되는 일도 없고 희망도 없는 날이 그렇게 계속됐다. 그러던 어느 날, 대학 후배가 불쑥 찾아왔다. 같은 대학의 컴퓨터학과를 졸업한 그는 벤처 회사를 차리네, 어쩌네 하면서 설레발을 치고 다녔다. 나름 아이템을 잘 잡아서 꽤 쏠쏠하게 재미 본다는 소문도 있었다. 무소식이 희소식이라 관심을 끊고 산 지도 몇 년이 흘렀다. 그런 녀석이

암호화폐 살인 사건

뭔 바람이 불어 날 찾아왔나 뜨악했다.

"형님, 얼굴이 좋습니다. 잘 나가시는 모양이네요." 하고 후배가 너스레를 뜬다. 모처럼 만난 후배의 신수가 훤한 걸 보니 재미가 좋은가 보다.

"야, 잘 나가기는 개뿔, 돈이 안 된다."라고 퉁명하게 대답했다. 이렇게 말을 내뱉고 보니 오랜만에 만난 사람에 대한 예의가 아니라는 생각이 든다. 그래서 웃으면서 "그래, 너는 요즘 어떻게 지내냐? 벤처 사업을 해서 돈 벌었다는 소문이 있던데." 하고 물었다.

"형님, 그게 언제 적 이야기인데. 요즘은 코인 사업을 하고 있어요." 라고 말한다. 그러면서 "형님, 비트코인 아세요?" 하고 묻는다. 갑자기 톤이 높아진 흥분한 목소리로 후배가 내게 질문을 던진다.

"비트코인?"

후배의 뜬금없는 질문에 나는 잠시 당황했다.

비트코인

뜨거운 암호화폐 이야기

●

후배는 천천히 입을 떼며 말을 시작한다. 아직 초여름이 본격적으로 시작하지 않은 5월 말이지만, 사무실 분위기가 우리의 진지한 열기로 후끈 달아오른다. 지금부터 나와 후배가 나눈 이야기를 들려주겠다.

"코인 사업? 코인 노래방이라고는 들어봤지만, 그게 무슨 사업 아이템이 된다고? 뭔 황당한 소리를 그렇게 해."

나는 후배를 타박하고는 도대체 이해하지 못하겠다는 표정을 지었다. 테이블 위에 있는 커피를 집어 들었다. 더위가 느껴지는 탓에 얼음이라도 몇 개 집어넣을까 하다 그냥 마셨다.

"형님 참 답답하시네요. 요즘은 암호화폐인 코인이 대세입니다."

후배가 정색하며 대꾸한다. 그의 얼굴에는 자신감이 넘치고 목에

암호화폐 살인 사건

힘이 잔뜩 들어갔다. 그러면서 명색이 IT 관련 일을 하면서 세상 물정을 그렇게 모르냐면서 황 부장에게 핀잔을 준다. 그리고서 그는 앞에 놓인 커피를 마시면서 말을 잇는다.

"형님, 비트코인이라고 들어보셨죠?"

웃음기를 싹 뺀 진지한 얼굴로 묻는다.

"응, 그거야 들어봤지. 사람들이 다 사기라고 하고, 거품이 잔뜩 끼었다고 하는 그거 말이야?"
"그렇죠, 들어보긴 하셨네요. 그런데 그게 요즘 최고로 돈이 되는 아이템입니다."

후배가 열을 내며 말한다.

"아니 실제 돈도 아닌 컴퓨터에서나 사용된다는데, 그게 사기지 아니면 뭐야? 제2의 '튤립 파동' 아니냐? 완전 개뻥이라는 소리도 들었다."

나는 손사래를 치면서 말 같지 않은 소리를 하지 말라고 후배를 타박했다

17세기 네덜란드에서 튤립에 대한 수요가 증가했다. 당시 네덜란드는 '황금시대'를 맞이하여 상업이 번성하고 부자들이 많이 생겨났다. 이들은 부의 상징으로 튤립을 앞다투어 사재기했다. 그 바람에 튤립 구근의 가격이 천정부지로 치솟았다.

1634년경부터 시작한 튤립 투기의 광풍은 네덜란드를 강타했다. 1637년 초, 튤립 구근 가격이 정점을 찍은 후 폭락했다. 비싼 값으로 튤립을 산 사람들이 줄지어 파산했다. '튤립 파동'으로 불리는 거대한 투기의 끝 모습이다. 세계 최초로 일어난 대형 경제 거품이 터진 사건이다.

"아이고 형님, 하나는 알고 둘은 모르시는군요. 비트코인이나 암호화폐가 지금 얼마나 뜨거운지 그걸 제대로 알고 그런 소리를 하세요. 지금 비트코인에 빠진 사람이 얼마나 많은 줄 몰라서 하는 말입니다. 사람들이 여기 편승해서 돈 번다고 혈안이 되었어요."

후배가 같잖은 듯 씩 웃는다. 입으로 침을 튀기며 열변을 토한다. 그의 표정을 보니 왠지 면박당한 기분이라 속이 영 편치 않다.

"아니, 말도 안 되는 소리 하지 마. 그게 말이 돼?"

나는 정색하며 반박했다. 갑자기 열이 확 오른다. 비트코인이 대세

암호화폐 살인 사건

라고 하니 뾰족하게 할 말이 없다.

"형님, 비트코인을 암호화폐라고 합니다. 암호화폐가 무엇인지 지금부터 설명하니 잘 들어보세요."

자세를 고쳐 잡은 후배가 운을 뗀다. 그가 설명해 주겠다니 귀를 기울일 수밖에 없지. 아무리 쓴소리해도 돈이 된다면 들어야겠다는 심정으로 그에게 바싹 다가앉았다.

"암호화폐는 디지털 형태의 돈으로, 컴퓨터의 복잡한 계산을 통해 만들어집니다. 그리고 그 돈은 철저하게 암호화되어 있어요. 중앙 기관이나 은행이 없이도 인터넷을 통해 직접 거래할 수 있습니다. 게다가 전 세계 어디서든 빠르게 송금하거나 받을 수 있습니다. 암호가 걸린 돈이라 해서 암호화폐라고 합니다."

후배가 열정적으로 설명한다. 확신에 찬 그의 목소리에 빠르게 빠져든다. 어느새 나는 그가 할 다음 말을 기다리면서 짐짓 딴지를 걸어본다.

"그게 도대체 뭔 말이야?"

나는 퉁명스러운 목소리로 물었다. 그러면서 속으로 생각했다.

'뭐 컴퓨터로 만든 돈이라고? 그리고 중앙 기관이나 은행 없이 돈을 거래하면 누가 책임지냐?'

의문이 꼬리에 꼬리를 문다. 뜨악한 내 표정을 보고 후배는 계속 설명을 이어간다. 그럴 줄 알았다는 듯 씩 웃는 후배의 표정을 보니 기분이 착잡했다.

"형님, 한 번에 이해하기 쉽지 않을 겁니다. 일단 암호화폐의 선두주자가 '비트코인'이라는 사실을 알아두세요."

이 말과 함께 후배는 어느 섬마을에서 암호화폐를 만드는 이야기를 들려준다. 아마 내가 이해하기 쉽도록 설명을 해줄 모양이다. 뭐 쉽게 풀어서 설명해 준다면 나로서는 고마운 일이지.

암호화폐 살인 사건

화폐 없는
섬나라의 고민

아름답고 행복한 섬나라

•

아주 먼 바다에 아름답고 행복한 섬나라가 있다. 이곳에는 주민 100명이 오손도손 살고 있다. 섬에는 사시사철 열대 과일이 자라고, 바다에는 고기들이 지천이다. 주민 중에는 빵 만드는 사람도 있고, 생활에 필요한 물품을 생산하는 사람도 있다. 덕분에 가게도 있고, 시장도 열린다.

야자수 나무가 우거지고, 푸른 바다가 펼쳐진 섬나라는 낙원이라 다름없다. 필요한 물건들이 다 있는데, 단 한 가지 화폐가 없는 게 흠이다. 은행도 없고, 금융 기관도 없는 섬이라 화폐를 사용하는 것은 불가능하다. 그래서 사람들은 물물교환을 통해 거래해야 한다. 일일이 물건을 들고 원하는 물건과 교환하는 일이 얼마나 번거롭고 불편할까.

"형님, 지금부터가 중요합니다. 물론 내가 말하는 섬나라 이야기는 가상의 상황입니다."

암호화폐 살인 사건

후배가 내게 집중하라고 주의를 환기한다. 그러면서, 지금부터 이 야기하는 암호화폐와 블록체인의 관계는 내가 이해하기 쉽게 자기가 직접 지어낸 것이라고 한다. 이 친구가 이런 진지한 면이 있었나. 그의 정성이 기특해서 집중해서 듣기로 했다.

지금부터 후배가 들려주는 섬나라 사람들의 회의 내용을 들어보자.

"이거 원 불편해서 살 수가 있나?"

누군가 이렇게 말하자, 다른 사람들도 이구동성으로 옳다고 했다. 그러면서 뭔가 대책을 세우자고 했다. 이제 물물교환은 힘이 드니까 쉽고 좋은 방법을 찾자는 말이다. 그래서 자체적으로 화폐를 발행하기로 결의했다.

"우리도 화폐를 발행하는 것은 어떨까요?"
"그거 좋은 생각이네요."
"그렇게만 된다면 물건을 지고 이 가게, 저 가게 찾아다닐 필요가 없어 좋겠어요."

사람들은 너나없이 옳은 소리라고 맞장구친다. 후배는 섬나라 예를 들며 친절하게 설명을 이어간다. 이 친구가 이렇게 진지한 눈빛을 한 게 얼마 만인가. 대학 때 시험 준비할 때 봤던 그 눈빛이 돌아온 느낌이다. 일단 여기까지는 별로 어려운 게 없어 좋다. 나는 다시 커피를 홀짝이며 후배의 입을 쳐다봤다.

돈이 많아지면 물가는 오른다

•

"형님, 섬나라 사람들이 발행하기로 해도, 누가 그것을 관리하느냐는 문제가 있어요. 관리하는 사람이 생기면 그는 화폐를 발행하는 힘을 갖게 되겠죠? 그가 독단적으로 필요 이상의 화폐를 발행하지 말라는 법이 없다는 겁니다."

"그래, 여기까지는 이해가 된다. 계속 이야기해 봐."

내가 채근하니 후배는 느긋한 표정으로 말을 이어간다.

"돈이 많아지면 물건 가격이 올라가게 됩니다. 마을에서 생산하는 물건보다 더 많은 화폐를 발행하면, 더 많은 물건을 가지려는 경쟁이 생깁니다. 그렇지 않은가요?"

이렇게 묻는 후배의 표정에는 뿌듯함이 묻어 있다.

"뭐, 그렇겠지. 사려는 사람은 많고 물건이 한정적이면 당연히 가격이 오르겠지. 돈 많은 사람이야 꼭 가지고 싶다면 시세보다 더 비싸게 부르는 게 당연한 게 아냐?"

내가 아는 지식을 쥐어짜 대답했다. 오랜만에 건설적인 대화를 나눠 좋긴 하지만, 이러다가 머리에서 쥐가 나는 건 아닐까 하고 객쩍은 생각을 한다.

"맞습니다. 그게 문제죠. 물건 가격이 오르는 걸 인플레이션이 발생했다고 표현하잖아요. 이런 상황이 계속하면 가난한 사람은 비싼 물건을 살 수 없는 일이 벌어져요. 돈의 가치는 하락하고 주민들의 생활이 나빠집니다."
"그거야 누구나 아는 상황이고, 그것하고 암호화폐하고 무슨 상관이야?"

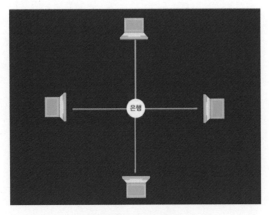

기존 금융 거래 방식

암호화폐 살인 사건

"형님, 이 그림은 지금 우리의 금융 거래 방식을 보여주고 있습니다. 그림 중앙에 있는 은행을 통해 사람들은 금융 거래를 합니다."

후배는 친절하게 그림까지 그려가며 설명한다. 뭐 이거야 당연하다는 뜻으로 나는 고개를 끄덕였다.

"우리는 수수료나 이자를 내고 은행에서 돈을 보내기도 하고, 대출도 합니다. 은행은 예금 이자를 지급하고 사람들의 예금을 모아 대출자금을 확보하죠. 지금은 그림에 나오는 것처럼 가운데 있는 은행을 매개로 자금 거래를 하고 있어요."

이렇게 말하면서, 그는 지금부터 화폐 발행을 독점하면 어떤 일이 날지 설명해 주겠다고 한다. 그의 말을 듣고 나는 이 친구가 제법 공부를 많이 했다는 느낌을 받았다. 그의 말에 점차 신뢰가 가면서 어느새 나는 그의 다음 설명을 기다리게 되었다.

튤립과 비트코인

튤립 투기 광풍

•

"형님, 1600년대 네덜란드 암스테르담에서 일어났던 '튤립 파동(Tulip Mania)' 이야기를 다시 한번 해보죠."

"그럼, 그거 광적 투기 이야기할 때 빼먹지 않고 나오는 이야기잖아. 세계 최초의 거품 경제 현상이라는 말도 있고."

"맞아요. 1637년 2월이 정점입니다. 그때 꽃의 뿌리에 해당하는 튤립 구근(球根) 하나가 지금 돈으로 약 1억 원을 넘기도 했어요. 실감이 납니까?"

"뭐? 꽃이 아니라 구근 값이 그렇다고?"

"그렇죠. 다 그런 건 아니고, 그중에서 제일 비싼 것이 흰색 꽃에 진홍색 줄무늬가 있는 '영원히 위대한(Semper Augustus)' 튤립의 종자였어요."

"튤립이 아무리 예뻐도 피었다고 곧 시들고 마는데, 그걸 그렇게 비싸게 주고 샀다고? 한마디로 미쳤구먼."

툴립 구근

"그런데 더 재미있는 건 뭔지 아세요? 튤립의 구근이 양파와 비슷해요. 당시 사람들이 그걸 양파로 착각해서 술안주 만들 때 사용했다는 사실이죠."

"뭐? 구근 하나에 최소 몇백만 원에서 몇천만 원이나 하는 것을 요리해 먹었다고?"

"그렇죠. 웃기기도 않은 일이죠. 인간의 광기가 빚은 재미난 사건이죠."

"그러다가 다들 쪽박 찼다면서?"

"튤립 시장이 하도 미쳐서 돌아가니까 네덜란드 정부에서도 우려의 눈길을 보냈죠. 그 결과가 어떻게 되겠어요? 사람들의 투자 심리가 냉각하면서 가격이 폭락했죠. 그 때문에 집안이 거덜 나고, 심지어 자살한 사람이 속출했다고 해요."

"참 한심한 인간들이구먼. 지금 우리가 알고 있는 암호화폐도 튤립 같은 거야?"

"튤립과 암호화폐는 둘 다 가격이 불안정하고, 광적인 투기 열풍이 불었다는 점은 비슷해요. 사실 듣보잡 암호화폐가 높은 가격으로 거래되는 것은 비이성적인 튤립 광풍을 닮은 거죠."

"아하, 그래서 암호화폐 열풍을 '제2의 튤립'이라고 하는구나."

10월의 마지막 날
등장한 비트코인

•

"그렇죠. 하지만 비트코인과 튤립 사이에는 한 가지 중요한 차이점이 있습니다. 튤립은 한시적으로 피었다가 시드는 식물이지만, 비트코인과 같은 암호화폐는 디지털 기술을 기반으로 한 가상의 자산이죠. 그래서 튤립은 광적인 투기의 대상으로 보지만, 비트코인은 블록체인 기술을 바탕으로 한 자산의 일종으로 보고 있어요."

"그렇다면 튤립 거품은 쉽게 꺼졌지만, 비트코인 같은 제대로 된 암호화폐는 자산으로 오래 지속될 수 있다는 말인가?"

"그렇게 인정하는 전문가도 많아요. 특히 비트코인은 기존의 화폐 제도가 갖는 근본적인 한계를 극복하는 대안으로 나왔다고 보면 돼요. 현재 금융 기관의 통화 팽창 정책이 불러온 몇 차례의 금융 위기가 블록체인 기반의 암호화폐를 연구하게 했다고 볼 수 있어요."

"그렇다면 암호화폐는 나름대로 명분과 철학이 있다고 말하는 거니?"

"그렇죠. 단순히 튤립 투기처럼 비이성적인 광기가 아니라 기존 금융 제도의 허점을 간파한 암호학자들이 디지털 시대에 적합한 새로운 통화 제도를 제안했다고 보죠."

"그래? 암호화폐가 그런 깊은 배경이 있는 줄 몰랐어."

"처음 비트코인(Bitcoin)이 세상에 처음 얼굴을 드러낸 것은 2008년 금융 위기가 한창일 때죠. 미국 시각으로 10월 31일 '사토시 나카모토(Satoshi Nakamoto)'라는 사람이 전 세계 IT 전문가들에게 '비트코인 : 개인과 개인 간의 전자화폐 시스템(Bitcoin: A Peer-to-Peer Electronic Cash System)'이라는 작은 논문을 보냅니다. 이 사람이 누군지는 아직도 모르지만, 그가 보낸 이 논문에 세상을 뒤흔들 비트코인이 들어 있어요. 물론 이때 비트코인의 안정성과 신뢰성을 보장하는 장치로 블록체인 기술을 함께 소개했죠."

"아, 그럼, 그때 비트코인이 처음 세상에 등장한 거네? 아쉽다. 그때 비트코인을 사둘걸."

"그걸 알면 다 부자가 되게요. 잘 들어보세요. 이 논문에서 주장하는 새로운 화폐 비트코인을 사용하자는 주장을 몇 가지만 들려드릴게요."

이야기가 점차 숨 가쁘게 전개된다. 후배는 잠시 말을 멈춘다. 한숨을 돌린 후 다시 말을 잇는다.

비트코인의 철학

•

"형님, 지금부터는 좀 어려울 겁니다. 그래도 꼭 참고 들어보세요. 현재 우리는 중앙집중적 금융 기관, 즉 은행과 신용카드 회사를 이용하고 있죠. 이 기관들은 거래를 검증하고, 기록하며, 금융 서비스를 제공하는 신뢰의 중심이죠. 그러다 보니, 금융 기관을 이용하는 수수료도 들고, 해외 송금에는 시간이 오래 걸려 불편하죠. 이런 불편함을 없애기 위해 중앙집중적 금융 기관을 이용하지 말고, 비트코인을 이용해 네트워크 참가자들 간이 직접 거래를 하자는 것이 비트코인의 제안입니다."

"그게 가능해? 은행 없이 금융 거래를 하면 신뢰성을 누가 보장하고, 금융 거래 기록은 누가 할까?"

"맞아요. 사실 우리가 제일 불안해하는 것은 이거죠. 그래서 공신력 있는 금융 기관에 돈을 맡기죠. 비트코인을 이용한 개인 간 거래의 안정성과 신뢰성을 보장하는 장치로 분산 원장인 블록체인 기술을 도입했어요."

"이건 좀 이해하기 쉽지 않구먼. 분산 원장은 뭐고, 블록체인은 또 뭔가?"

"아, 그렇죠. 이거 이해하려면 더 설명이 필요하죠. 그건 나중에 섬나라 주민들의 화폐 만들기 이야기할 때 쉽게 이야기할게요. 오늘은 암호화폐의 역사와 그것이 갖는 의미만 들려드릴게요."

"그래, 좋아. 한 번에 끝날 이야기는 아니니까 그건 다음으로 넘기세."

"암호화폐 탄생 배경에는 잊을 만하면 반복하는 금융 위기가 있어요. 사토시 나카모토가 논문을 배포한 2008년을 기억해 보세요. 100년도 넘은 긴 역사를 가진, 한때 미국의 4대 투자은행이었던 리먼 브라더스가 파산했어요. 은행도 100% 안전하지 않다는 사실에 사람들이 크게 놀랐어요. 이때부터 사람들은 기존 금융 시스템의 불안정성을 극복할 새로운 시스템이 필요하다고 느꼈죠. 비트코인은 이러한 현행 금융 시스템의 불안정성에 의문을 제기하면서, 그 대안으로 등장했어요."

"아, 그런 거야? 하긴 그 이전까지만 해도 은행이 파산하는 것을 상상도 못 했지. 금융 위기가 터지면 웬만한 금융 기관도 흔들흔들하긴 해."

"또 한 가지 중요한 암호화폐의 탄생 배경이 있어요. 몇 차례의 금융 위기를 겪으면서 사람들은 중앙은행의 통화 정책이 꼭 믿을 만한 것은 아니라는 사실을 알았죠. 한국은행 같은 각국의 중앙은행은 통화를 발행하고, 이자율을 조정함으로써 경제에 큰 영향을 미치고 있어요. 그런데 경기가 침체하거나 경제 상황이 나빠질 때마다 통화를 과도하게 팽창함으로써 인플레이션을 발생시키고, 또 그것을 해결하기 위해 이자율을 올렸죠. 높은 이자율은 경제를 어렵게 만들었어요. 사토시 나카모토는 이 점을 지적하면서, 고정된 공급량(2,100만 개)만 발행하는 비트코인을 이용해서 금융거래하자고 제안한 거죠."

"아, 비트코인과 암호화폐에 그런 철학이 있었던 거야? 그냥 튤립처럼 허상이라고 생각했는데 그건 아니구나."

"마지막으로 하나만 더 말하자면, 개인 정보 보호에서도 지금의 은행 같은 중앙집중식 금융 거래보다 비트코인을 이용한 분산 거래가 강점을 갖는다는 겁니다. 지금 금융 기관은 해킹의 위험성이 있고, 종종 개인 정보가 누출되는 사고도 발생하죠. 그것은 개인의 모든 거래를 금융 기관 중앙 서버에서 독점하기 때문에 나타나는 현상이죠. 그런데 블록체인 기술을 활용한 비트코인은 익명성을 보장하고, 거래 당사자들의 신분이 노출되지 않는 장점을 강조하죠."

"그게 가능할까?"

"비트코인의 탄생 배경이 그래요. 그건 섬나라 주민들이 블록체인 기반의 화폐를 만드는 과정에서 확인해 보도록 하죠. 조금 쉬었다가 암호화폐 등장 배경이 된 중앙은행 통화 정책의 실패와 물가 상승을 이야기하고 섬나라 이야기로 넘어가는 것이 어떨까요?"

"그래, 오래 이야기하니 피곤하겠네. 그렇게 하세."

100만 원이
500만 원으로

통화 팽창과 튤립 광풍

•

"형님, 그거 아세요? 튤립 광풍의 이면에는 통화 팽창이라는 복병이 있었다는 사실을."

"통화 팽창? 그게 튤립과 무슨 상관이야?"

"사실 17세기 네덜란드는 금융과 무역 분야에서 큰 성공을 거두었어요. 1602년 설립한 네덜란드 동인도회사는 세계 최초의 다국적 기업이자 최초의 회사로 주식을 발행했던 기업이었었어요. 이를 통해 네덜란드는 전 세계 무역에서 막대한 부를 축적했어요."

"오호, 히딩크 감독의 나라 네덜란드가 그런 시절이 있었다고? 한때 세계 무역의 패권을 잡은 적이 있었다니 놀랍구먼."

"아, 그럼요. 이 시기 네덜란드의 상업은 크게 발달했고, 해외 무역을 통해 대량의 금과 은이 유입되었어요. 이때부터 근대적 금융 제도가 자리 잡기 시작했어요. 이때는 국가가 보유한 금과 은의 양과 가치를 기반으로 통화를 발행했어요."

"그럼 금과 은이 많이 들어오면 통화량도 늘어난다는 이야기인가?"

"맞습니다. 식민지와 동양에서 엄청난 양의 금과 은이 네덜란드로 들어왔어요. 수도인 암스테르담에는 길거리마다 돈이 밟힐 정도였어요. 이 돈들이 어디로 갈까요?"

"그야 돈 벌 수 있는 곳으로 몰려가겠지."

"빙고. 그 돈들이 튤립으로 달려가고, 동아시아의 후추나 중국의 도자기를 사는 데 들어갔어요. 암스테르담의 물가는 올라가고, 귀족들은 사치스러운 생활을 했어요. 그것이 다 돈이 넘쳐나기 때문에 일어난 현상이죠."

여기까지 말하고 후배는 잠깐 뜸을 들인다. 본격적으로 중앙은행의 통화 팽창 과정을 설명하려는 모양이다. 돈 이야기야 달콤하지만, 통화 정책이라는 단어를 들으니 벌써 머리가 지끈거린다. 눈 질끈 감고 제대로 들어야 한다.

"형님, 통화가 어떻게 창출되는지 아시죠?"

"그야 한국은행에서 화폐 발행 규모를 정하면 조폐공사에서 찍어내는 게 아닌가?"

"맞아요. 그걸 우리는 본원통화(本源通貨)라고 하죠. 이게 시중으로 나오면 그걸로 끝나는 게 아닙니다. 이 돈이 은행으로 들어가면 다시 은행에서도 통화를 창출해요."

"뭐, 은행이 돈을 창출한다고?"

"은행이 돈을 직접 찍어낸다는 말은 아닙니다. 은행은 예금과 대출을 통해 시중에 돈의 양을 늘립니다. 은행이 창출한 돈을 신용 통화라고 부릅니다. 한국은행이 발행한 돈이 국민의 손에 들어갔다고 합시다. 예를 들어 형님이 정부로부터 100만 원을 지원받아 그걸 은행에 예금한다고 해보죠."

"음, 당장 돈 쓸 일이 없으면 은행 계좌에 넣어 두겠지."

"은행은 이 돈을 어떻게 하겠습니까? 굴려야죠. 이자를 내고 돈을 쓰겠다는 사람한테 빌려주겠죠. 은행은 예금 전액을 전부 빌려주면 안 됩니다. 은행은 고객 예금을 대출할 때 일정 금액을 떼 놓고 빌려줍니다. 고객이 돈을 찾으러 올 때를 대비해야죠. 은행에 예금하는 사람이 동시에 돈을 다 인출하러 오는 일은 없으니, 일정 비율만 지급을 위해 준비금으로 마련해 둡니다."

후배 말로는 은행은 내가 예금한 돈에서 일정 비율만큼 떼고 나머지를 빌려준다는 것이다. 이걸 예금을 찾으러 오는 사람을 위한 지급 준비금이라고 한다. 이 비율이 20%라면, 은행은 내 예금 100만 원에서 20%를 지급준비금으로 떼고 80만 원을 대출해 준다는 말이다.

"자, 형님이 예금한 돈에서 80만 원을 빌린 사람이 그 돈을 지출하면 어떻게 될까요? 또 다른 누군가에게 80만 원의 소득이 생기는 셈이죠. 이 사람이 80만 원을 은행에 예금한다고 해 봅시다. 은행은 이 중에서 20%를 지급을 위한 준비금으로 하고 64만 원을 또 대출하죠."

"음, 그렇게 되겠구먼."

"이렇게 예금과 대출을 반복하면 시중에 풀리는 돈이 늘겠죠. 지급준비율이 20%라고 가정할 때, 은행들은 그 예치금의 5배까지 신용을 창출할 수 있어요. 이 배수를 통화승수라고 표현하는데 이 이야기는 그냥 패스하죠. 그러니까 정부가 시중에 100만 원을 풀면, 은행 시스템을 통해 최대 500만 원까지 통화량이 늘어날 수 있다는 거죠. 상상만 해도 놀랍지 않나요?"

은행도 파산하는구나

•

　돈을 찍는 힘을 가진 중앙은행은 경기를 부양하기 위해 통화를 발행한다. 중앙은행이 방금 찍어 낸 따끈따끈한 본원 통화가 증가하면, 이보다 몇 배나 많은 돈이 시중에 풀린다.

　"경기가 안 좋을 때는 돈을 더 풀어 경제를 살리는 게 맞지 않아?"

　"맞아요. 자본주의 경제에서는 경기 변동이 불가피하죠. 그 변동을 완화하기 위해 다양한 정책을 펼치죠. 그중의 하나가 돈을 풀어 경기를 부양하는 거죠. 문제는 돈을 풀면 그 돈이 몇 배나 더 시장에 늘어난다는 것입니다."

　"시중에 돈이 넘치면 인플레이션이 일어난다는 건 알고 있고, 그것 말고 또 어떤 문제가 있을까?"

　"넘쳐나는 돈이 금융 기관에 쌓이겠죠. 금융 기관은 돈을 굴려서 이자를 먹는 조직이죠. 돈놀이를 제도화한 것이 금융 기관이라고 보면 되겠죠. 통화가 팽창하면 대출 이자율이 떨어지고, 금융 기관의 수익도 줄어들겠죠. 돈을 꼬박꼬박 잘 갚는 대출자가 부족해지면 금융 기관은 어떻게 할까요? 신용등급이 낮지만, 높은 이자를 받을 수 있는 대출자를 찾게 됩니다."

"음, 그럴 수 있겠구먼. 사실 은행이나 금융 기관은 고객의 돈으로 이자 장사하는 게 맞아. 그래서 한때 은행을 '신의 직장'이라고 부르고, 은행의 대출 장사를 땅 짚고 헤엄친다는 말이 나왔잖아."

"맞아요. 그런데 2008년 9월, 리먼 브라더스 은행이 파산했을 때 전 세계 사람들은 깜짝 놀랐다고 했잖아요. 1850년에 설립된 리먼 브라더스의 파산에는 여러 가지 이유가 있어요. 그중에서 부실 채권에 과도하게 투자한 것이 결정타가 되었어요. 말하자면, 대출을 늘리려고 상환 능력이 없는 사람에게 많이 대출해 주었기 때문입니다. 이때 미국 정부가 엄청난 자금을 투입하지 않았다면, 더 많은 은행이 파산했을 겁니다. 그러면 그 피해는 누가 감당할까요?"

"그야 뭐, 우리 같은 서민이 아닐까? 이자율은 높아지고, 경기는 나빠지니까 살기가 힘들어지겠지."

암호화폐가
대안이 될 수 있을까?

•

"맞습니다. 사토시 나카모토도 논문에서 이 이야기를 지적했어요. 지금처럼 중앙집중식 금융 시스템은 앞으로도 이런 문제에서 벗어나지 못할 거라고 했어요. 이 문제를 해결하는 방안으로 블록체인 기반의 비트코인을 제안한 것입니다. 블록체인 기술에서는 금융 권력이 개인에게 모두 분산되어 있어요. 이런 상황에서는 누구도 통화량을 함부로 늘릴 수도 없고 금융을 독점할 수 없죠."

"아, 그렇구나. 진짜 비트코인이나 암호화폐가 기존 금융 시스템을 대체할 수 있을까? 각 나라의 중앙은행이 권력을 포기해야 하는데 그게 가능할까?"

"맞아요. 그게 쉽지 않겠죠. 그렇지만, 새로운 기술은 기존 권력과 충돌을 일으키는 경우가 허다합니다. 1800년대 말 처음 등장한 자동차는 마차와 충돌했고, 1990년대의 인터넷과 무선 통신 기술은 처음에는 전화나 팩스 같은 아날로그 기술과 승부를 봤죠. 이것 말고도 신기술이 과거 기술을 물리치면서 문명이 발전한 사례가 많아요."

"그렇다면 비트코인과 같은 암호화폐가 기존 금융제도를 물리칠 수 있다는 말인가?"

"그게 실현될지 안 될지는 지금으로서는 알 수 없어요. 암호화폐가 현행 금융 시스템에 대한 해결책으로 제시되고 있지만, 이는 여전히 논쟁의 여지가 있습니다. 암호화폐가 전통적인 금융 시스템의 대안으로 자리 잡을 수 있을지는 아직 미지수입니다. 다만, 암호화폐가 제기한 문제의식을 눈여겨볼 필요가 있죠."

오후 2시부터 시작한 이야기가 두 시간이 훨씬 넘었다. 후배가 자리에서 일어나 창밖을 내다본다. 후배는 여름으로 가는 나뭇잎을 물끄러미 쳐다본다. 그렇게 우리는 잠시 침묵의 시간을 가졌다. 후배는 암호화폐의 탄생은 이 정도로 정리하고, 본격적으로 섬나라 화폐 이야기를 하자고 한다.

섬나라의 화폐 만들기

섬나라의 만물박사

•

한참이나 창밖을 내려다본 후배가 다시 자리에 앉았다. 목이 마른지 시원한 물을 달라고 한다. 냉장고에 있는 생수 한 병을 꺼내주니 벌컥벌컥 들이켠다. 하기야 계속 말을 했으니, 목이 탈 만도 할 것이다. 물을 마신 그가 다시 말을 시작한다.

"형님, 섬나라 주민들은 돈이 많아지면 물가가 올라간다는 사실을 알고 있었어요. 육지에서 통화를 마구잡이로 늘리는 바람에 서민들 살림이 힘들어졌다는 소식을 들었습니다. 놀라운 것은 섬나라 주민들도 지금의 중앙집중식 금융 제도의 문제점과 금융 기관의 위험성을 잘 알고 있다는 사실입니다."

"그야 그렇겠지. 워낙 금융 위기가 자주 터졌으니 말이야."

"섬나라 주민들은 새로 만들 화폐는 누구도 독점해서는 안 된다고 생각해요. 중앙집중식으로 화폐를 발행하고 관리하면 여러 가지 경제적 문제가 발생하는 것을 목격했죠. 지금까지 그들이 추구해 온 경제 철학, 즉 자유와 분권을 화폐에 담아야 한다는 것이 그들의 생각입니다."

"그렇구나. 그런데 자유와 분권을 보장하는 화폐 제도라? 그게 가능할까?"

"그게 무척 까다로운 이야기죠. 그래서 이 프로젝트를 추진할 사람의 실력이 중요해요. 섬나라 사람 중 누가 이 일을 담당할 것인가를 결정하는 문제가 남았어요. 공신력 있는 기관이 개입하지 않고 화폐의 신뢰성과 안전성을 보장하기는 무척 어렵죠. 이 일을 제대로 해내기 위해서는 금융 지식과 컴퓨터 공학 지식을 갖춘 사람이 필요하다는 뜻이에요."

미스터 하버드의 고민

•

    누가 프로젝트를 담당할 것인지를 두고 섬나라 사람들이 의논을 나눈다. 사람들의 토론은 오래가지 않았다. 그 일을 맡을 적임자가 딱 한 사람이 있기 때문이다.

    "그 일이라면 만물박사인 미스터 하버드 씨에게 맡기는 건 어떨까요?"하고 한 주민이 제안했다.
    "좋아요." 하고 다른 사람들도 이구동성으로 찬성한다.
    주민들의 추천을 받은 미스터 하버드는 잠시 당황했지만, 한번 해 보겠다고 답한다. 사람들은 모두 미스터 하버드에게 감사의 인사와 힘찬 격려의 박수를 보낸다.
    미스터 하버드는 이름이 아니라 별명이다. 아는 것이 많은 사람이라 그렇게 불렸다. 회의를 마치고 집으로 돌아온 그는 서재로 갔다.

    "사람들이 하도 간곡하게 부탁해 거절할 수 없지만, 무척 까다로운 주문이야." 하고 혼자 중얼거린다. 책상 위에 메모지를 펼쳐놓고 여러

암호화폐 살인 사건

가지 아이디어를 끄적거렸다. 시간은 자정을 넘기고 어느새 새벽이 되었다.

"지금까지 우리 섬나라는 서로가 믿고 물건을 사고팔기 때문에 아무런 문제가 없었어. 그렇지만, 화폐를 발행하면 앞으로도 그렇게 된다는 보장이 없어. 누구도 독점하지 않는 화폐를 발행하고, 그것을 관리하는 금융 기관이 없다면 어떻게 신뢰할 수 있을까? 그렇다고 금융 거래나 상업 거래를 중개하는 기관을 둘 수도 없으니 어려운 문제야. 자칫하면 육지에서 겪는 금융의 불안정성과 해킹의 위험, 거래 수수료에다 송금 시간이 걸리는 문제를 그대로 겪을 거야."

이런저런 고민을 하던 미스터 하버드는 암호화폐를 생각하기에 이르렀다. 그는 이미 사토시 나카모토의 논문을 읽었다. 그는 비트코인과 블록체인 기술이 어떻게 발전해 왔는지도 알고 있다. 그뿐만 아니라 그는 암호화폐 연구의 선구자인 데이비드 차움(David Chaum)이 1980년대 초반에 쓴 논문까지 모두 읽었다. 차움은 다른 암호화폐 연구자와 공동 연구를 통해 비트코인의 전신인 암호화폐를 개발한 이력이 있다. 이 내용을 소상히 알고 있는 미스터 하버드는 블록체인 기술을 기반으로 섬나라의 화폐를 개발하기로 마음을 먹었다.

섬나라의
분산(공유) 원장과 블록체인

·

섬나라 주민들은 물물교환 대신에 화폐를 통해 거래하기로 했다. 문제는 물건을 사고파는 대가로 주고받는 화폐를 중개하는 기관이 없다는 사실이다. 미스터 하버드는 거래의 신뢰성을 보장하기 위해 대안으로 사람들의 거래 장부를 주민 모두가 공유하는 방법을 고안해냈다. 주민들 사이에 돈거래가 이루어지면, 그 내용을 장부에 기록하고, 기록한 원장(元帳)을 섬나라 주민 모두가 나눠 갖는다는 말이다. 모든 주민이 분산하여 공유하는 거래 원장을 분산(공유) 원장이라고 부른다.

사람들이 거래 원장을 공유한다면, 그 내용을 조작하거나 변조하는 것이 사실상 불가능하다. 나와 상대의 원장만 조작해서 될 일이 아니고, 마을 주민이 가진 원장을 모두 조작해야 하기 때문이다. 어떤 사람이 나쁜 마음을 먹고 돈도 없으면서 계약을 체결하거나 이중으로 계약을 체결하려고 한다고 하자. 두 명을 뺀 나머지 98명에 분산된 원장은 이 거래 시도를 거절할 것이다. 섬나라 주민이 가진 거래 원장의 잔

고와 사기를 치려는 사람의 장부가 일치하지 않기 때문이다.

갑자기 미스터 하버드가 무릎을 '탁' 치며 혼잣말했다.

"그래, 이렇게 하면 되겠구나. 거래 원장을 모두가 공유하면 신뢰성 문제를 해결할 수 있구나, 이렇게 하면 금융 기관의 개입 없이도 안전하게 화폐와 금융 거래를 실행할 수 있어."

그는 이 방법을 이용해 섬나라의 화폐 만들기를 계속했다. 먼저 금융 거래를 기록한 원장을 '임시 상자'에 담아 둔다. 이 '임시 상자'에는 거래가 끝난 원장들이 들어 있다. 임시 상자에 담긴 거래는 유효하다는 검증을 마치지 않은 상태다. 말하자면, 임시 상자에 담긴 거래는 유효성 검증받기 위해 대기하는 것이다.

이제 주민 중 누군가가 '임시 상자'에서 원장을 꺼내 유효성 검증을 시도하는 순간, 상자에서는 어려운 퍼즐 문제가 생성된다. 검증자가 이 퍼즐 문제를 풀게 되면 임시 상자의 거래가 유효한 것으로 인정받는다. 이렇게 해서 유효성 검증이 확인된 원장들은 정식 보관 상자로 옮겨진다. 그리고 난 후, 이 정식 상자에는 자물쇠가 단단히 채워진다.

섬나라 주민들은 매일 여러 사람이 금융 거래를 한다. 그때마다 검증자는 '임시 상자'를 열고 대기 중인 거래 원장을 꺼내 퍼즐 문제를 풀고, 이것을 정식 상장에 담고 자물쇠를 채운다. 이런 작업은 하루에도 수없이 반복해 이어진다. 금융 거래가 끝날 때마다 자물쇠가 채워진 정식 상자가 만들어지고, 이것들을 체인으로 묶어 거대한 하나의 블록으로 만든다.

분산(공유) 원장이란 말은 바로 체인으로 묶은 상자를 분산해서 갖는다는 뜻이다. 상상이 가는가? 수많은 상자를 체인으로 묶어 하나로 연결한 거대한 블록을 해체하고 장부를 조작할 수 있겠는가? 체인을 풀어 블록을 해체하고, 조작하려는 거래 원장이 담긴 상자의 자물쇠를 푼다는 게 보통 어려운 일이 아니다. 바로, 상자들을 체인으로 연결해 거대한 하나의 블록으로 만드는 것을 디지털 네트워크상에서 구현한 것이 블록체인 기술이다.

블록체인 네트워크에서 성사된 거래는 유효성 검증을 받기 위해 대기한다. 블록체인 시스템은 유효성 검증이 끝난 거래를 파일에 기록한다. 시스템은 이 파일을 다시 신뢰의 블록에 담는다. 거래가 일어날 때마다 새로운 유효한 거래 블록이 생기고, 이 블록들을 암호키로 연결해 거대한 하나의 블록으로 만든다. 마치 체인으로 상자를 연결하듯이 암호키로 네트워크의 거래 블록들을 연결하는 것이다.

"형님, 섬나라의 만물박사 미스터 하버드의 생각이 이해가 갑니까?"

"뭐, 대충 감은 잡히는데 아직은?"

"그럴 겁니다. 미스터 하버드가 생각한 거래 방식은 앞으로 이야기할 블록체인과 섬나라 암호화폐를 이해하는 데 도움을 줄 것입니다."

암호화폐 살인 사건

"그럼, 이제 본격적으로 블록체인 기반의 섬나라 암호화폐 이야기를 듣는다는 말인가?"

"네, 그렇습니다. 우선 미스터 하버드가 말한 '상자'는 블록을, '자물쇠'는 암호화를, 그리고 '체인'은 블록들을 연결하는 암호체계를 상징한다는 것을 기억해 두세요. 이것들을 컴퓨터 네트워크상에서 구현한 것이 블록체인 기술이고 암호화폐입니다. 그럼, 다음 이야기에도 귀 기울여 주세요."

"오케이. 당연히 그래야지."

아일랜드코인

블록체인 기술을 이용한
암호화폐 설계

•

"자, 이제부터 미스터 하버드가 블록체인 기술을 이용해서 암호화폐를 만드는 과정을 보겠습니다. 섬나라 주민들이 종이 원장을 분산해서 공유한다는 아이디어를 디지털 네트워크에서 어떻게 구현하는지 잘 들어보세요. 이 이야기를 들으면 암호화폐를 어떻게 발행하는지, 어떻게 신뢰성을 얻는지 알 수 있을 겁니다."

"좋아. 잘 들어볼게."

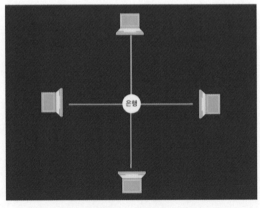

전통 금융 거래

암호화폐 살인 사건

미스터 하버드는 지금까지의 생각을 혼잣말로 중얼거리면서 메모한다.

"지금까지 살펴본 섬나라 주민의 종이 원장(元帳)의 분산 공유 방식을 컴퓨터 네트워크에 구현해 보자. 위의 그림은 섬나라 주민 4명의 컴퓨터가 연결된 것을 보여주지. 이건 전통 방식의 금융 거래야. 중앙에 은행이 있고 이것에 사람들의 컴퓨터가 개별적으로 연결되어 있어. 개인들은 직접 연결되지 않고, 은행 같은 금융 기관과 거래하는 방식이지. 이렇게 하면 단점이 은행을 이용하는 수수료를 내야하고, 내 정보가 해킹당할 위험도 있어. 더 큰 문제는 해외에 돈을 보내려면 수수료도 비싸지만, 며칠씩 시간이 걸린다는 거야. 그래서 은행을 이용하지 말고 주민들끼리 직접 거래를 하자는 거야."

여기까지 생각을 정리한 그는 잠시 호흡을 가다듬는다.

"이제 은행을 중개하지 않고 암호화폐로 거래하는 것을 생각해 보자. 우선 8명의 컴퓨터를 연결한 상황으로 보자. 나중에 이것을 100명으로 확대하면 되니까 그림은 단순한 게 좋아. 이들 컴퓨터는 네트워크로 연결되었어. 금융 거래가 일어나면, 거래 파일을 담은 블록들이 주민들의 컴퓨터에 자동으로 분산되지. 오프라인의 종이 거래 원장을 상자에 담는 방식을 디지털 네트워크상의 거래 방식으로 바꾼 거야."

블록체인 금융 거래

그는 열심히 메모하다가 팔이 아픈지 잠시 멈춘다. 어깨를 몇 바퀴 회전하고는 양손을 깍지 끼고 손가락을 푼다. 몇 분 동안 이렇게 몸을 풀고는 다시 혼잣말하며 메모를 이어간다.

"주민들이 거래하면 디지털 거래 '원장(元帳)'이 만들어져. 거래가 성사되면 그 내용을 기록한 원장이 생성되고, 그 문서에는 암호키가 붙어. 거래가 이루어졌다고 해서 모든 일이 종료되는 것은 아니야. 체결된 거래가 유효한지를 검증해야 해."

잠시 메모를 멈췄다가 미스터 하버드는 계속 생각을 이어간다.

"일단, 주민들 사이에 체결한 거래 내용을 기록한 '원장'들은 네트

암호화폐 살인 사건

워크상의 임시 풀에 보관돼. 말하자면, 누군가 검증해 주기를 대기하고 있다고 보면 돼. 네트워크에 있는 사람 중 누군가는 임시 풀에서 거래를 꺼내서 유효성 검증을 시작해야 해. 검증을 시작하면, 블록체인 네트워크에서는 자동으로 어려운 수학 문제를 생성하지. 검증자가 이 문제를 풀어야 거래가 유효한 것으로 인정받아. 이 모든 것들을 가능하게 해주는 것이 블록체인 기술이야."

이렇게 하면 네트워크 거래의 안정성을 보장할 수 있을 거라는 생각에 미스터 하버드의 얼굴에는 미소가 번진다. 유효성 검증을 왜 해야 하는지를 적고 다시 그의 아이디어를 이어간다.

"어려운 수학 문제를 풀려고 시도하는 검증자 중에서 제일 먼저 문제를 푼 사람의 거래 내용만 유효성을 인증받아. 이렇게 유효하다고 인정된 거래 내용은 임시 풀에서 정식 블록으로 자리를 옮겨. 그러면 거래 내용을 기록한 '원장'이 담긴 블록이 하나 생성되는 거야."

여기까지 읊조린 그는 잠시 한숨을 돌린다. 그리고 책상 위에 놓은 컵의 물을 마신다. 그리고 계속 설계를 이어가면서 스스로 대화를 한다.

"이제 검증자들은 다시 임시 풀에 담긴 또 다른 '거래 원장'을 꺼내고, 네트워크가 생성한 수학 문제를 풀기 시작하지. 이때도 제일 먼저 문제를 푼 사람의 거래들만 유효성을 인증받고, 그 '거래 원장'들은 새로운 생성된 블록으로 옮겨지는 거야."

암호화폐 살인 사건

거래 원장을 공유한다면
안전하겠지

•

생각이 물 흐르듯 샘솟자, 미스터 하버드는 신이 났다. 그는 의욕적으로 자기 생각을 발전시켜 나갔다.

"이제 주민들 사이에 일어나는 모든 거래 '원장'들을 이렇게 순차적으로 유효성 검증을 하고, 검증을 마친 후 생성된 블록을 이전에 생성된 블록에다가 암호로 묶어버리지. 오프라인에서 거래 원장이 담긴 상자들을 체인으로 묶는 것과 같은 원리야. 시간이 지나면 모든 블록이 암호로 묶인 거대한 블록의 집합체가 되겠지. 이렇게 만들어진 거대한 블록을 누가 해킹할 수 있을까. 그래서 블록체인 기술을 이용하면 은행 없이도 안전한 거래가 가능하다는 이야기야."

미스터 하버드의 이야기를 들려주던 후배가 잠시 말을 끊는다. 그러면서 미스터 하버드의 생각을 더 소상하게 설명해주겠다고 한다.

"형님, 미스터 하버드의 핵심적인 아이디어는 이 정도면 잘 정리되었어요. 사실 블록체인 기술은 이보다 복잡한 내용과 원리를 포함하죠. 이것들은 블록체인 기술이 안전한 데이터 저장을 넘어, 신뢰와 보안, 투명성을 제공하는 암호화폐를 만드는 역할을 하게 해줍니다."

"그래? 그럼 그게 무슨 말인지 알아듣기 설명해주게."

"그게 사실 좀 어려운 말인데, 말해도 괜찮을까요?"

"기왕 여기까지 왔으니 제대로 한 번 들어보세."

후배의 보충 설명을 요약하면, 우선 '검증자'가 퍼즐 문제를 푸는 것을 블록체인에서는 '합의 메커니즘'이라 부른다. 이 말은 네트워크 상의 모든 참여자가 거래의 유효성에 동의하고, 거래가 올바르게 기록되었음을 확인하는 것을 뜻한다. 이 작업을 통해 블록체인 네트워크를 안전하게 유지하고 데이터 수정이나 변조를 방지한다.

유효성이 끝난 거래는 '정식 상자'에 기록된다. 이 과정도 블록체인 네트워크에서는 스마트 계약을 통해 이루어진다. 스마트 계약은 미리 정의된 조건이 충족되면 자동으로 실행되는 계약 양식이라고 보면 이해하기 쉽다. 이는 디지털 거래를 중개자 없이 더욱 신속하고, 오류 없이 처리할 수 있게 해준다.

'암호키로 연결'되는 과정을 통해 블록체인의 거래 데이터는 암호화되어 저장된다. 마치 종이 거래 원장을 담은 상자를 자물쇠로 채우는 것과 같은 원리라고 보면 된다. 상자들을 연결한 체인이 암호키에 해당하는 셈이다. 이 암호키는 한 번 기록된 데이터는 변경할 수 없고, 거래 내용을 조작하거나 위조하지 못하게 해준다.

암호키로 기록한 데이터의 블록은 네트워크에 참여하는 모든 사람의 컴퓨터에 분산되어 저장된다. 바로 분산 공유 원장이라는 말이다. 이거야말로 블록체인의 안정성을 보장하는 마지막 카드가 아닐까? 이 분산 공유 원장이 블록체인을 전통적인 중앙집중식 데이터베이스 시스템과 차별화하는 중요한 요소라고 할 수 있다.

'아일랜드코인'을 발행하다

•

미스터 하버드는 자신이 대견한 듯 머리를 끄덕인다. 블록체인 기술을 활용하면, 섬나라 주민들 사이에 이루어지는 금융 거래의 신뢰성과 안정성을 보장할 수 있을 것이다. 그렇지만 아직 블록체인 네트워크 시스템을 완결한 것은 아니다. 누가 자발적으로 검증에 참가할 것인가 하는 문제가 남는다. 계속되는 그의 혼잣말을 들어보자.

"오프라인에서 거래를 기록한 종이 원장들이 유효성 검증을 받기 위해 일단 '임시 상자'에 담긴다고 살폈어. 검증자가 거래 원장들을 꺼내어 유효성 검증을 시작하는 순간, 어려운 퍼즐 문제가 만들어진다는 예를 들었어. 디지털 네트워크가 거래의 유효성을 인정하기 위해 생성하는 어려운 수학 문제가 오프라인의 퍼즐 문제에 해당해. 여기까지가 오프라인과 블록체인을 서로 비교해 본 거야. 디지털 네트워크에서 생성되는 문제는 매우 어렵고 풀기 까다로워야겠지. 그래야 중앙 기관 없이 이루어지는 거래의 신뢰성이 높아지는 거야. 검증자는 시간과 컴퓨팅 파워를 이용해 이 문제를 풀어야 해. 그걸 공짜로

할 사람이 있을까?"

이 대목에서 그는 고민한다. 아무리 섬나라 주민들이 착하다고 해도, 돈과 시간이 뺏기는 일을 아무 대가 없이 할 수 없다. 그것도 그것이 한두 건도 아니고, 또 하루 이틀에 끝날 일도 아니다. 그들에게 뭔가 보상을 해야 자발적으로 검증에 참여할 것이다. 이 부분이 네트워크 거래의 안정성을 확보하는 데 매우 중요한 과제다.

"블록체인 네트워크가 생성하는 문제를 제일 먼저 푸는 사람에게 대가를 지불하도록 설계하면 되지 않을까? 섬나라 주민 중에 거래의 유효성을 검증하는 사람의 시간과 투자에 대한 대가를 지불하는 장치를 만들면 될 거야. 문제의 난이도가 높으면 한 대의 컴퓨터로 해결하려면 시간이 오래 걸릴 거야."

미스터 하버드는 유효성 검증을 위해 네트워크가 생성한 문제를 푸는 데 많은 비용이 든다는 사실을 안다. 그래서 이 문제를 풀기 위한 방법을 찾기 위해 골똘히 생각했다.

"그렇게 되면, 수십 대의 컴퓨터를 연결해서 문제를 풀려고 하는 사람도 나타날지도 몰라. 컴퓨터를 많이 연결할수록 유효성 검증 문제를 빨리 풀 확률이 커지겠지. 그렇게 하려면 장비 구입 비용도 만만치 않지만, 전기세가 말도 아니게 많이 나와. 이런 상황에서 뭔가 보상해 주지 않으면 누구도 검증하려 나서지 않을 거야. 그렇게 되면, 블록체인 네트워크 거래의 신뢰성이 떨어질 수도 있어."

드디어 미스터 하버드는 보상으로 암호화폐를 지급한다는 생각에 도달했다. 그리고는 계속 자신의 생각을 정리해 나갔다.

"블록체인 기술에서는 검증을 마친 사람에게 지불하는 암호화폐를 생성할 수 있어. 금융 거래의 유효성 검증, 검증이 끝난 '원장'들을 보관하는 블록의 생성, 블록과 블록의 연결, 암호화폐의 생성, 그리고 가장 빨리 수학 문제를 푼 검증자에 대한 암호화폐 지급 등이 이루어지는 곳이 바로 블록체인 네트워크야. 이 얼마나 놀랍고 아름다운 기술인가? 바로 이 기술을 우리 섬나라에 도입해서 암호화폐를 발행하면 돼. 이렇게 되면 중앙 기관을 두지 않고도 섬나라 금융 거래의 신뢰성과 무결성을 담보할 수 있어."

"그래, 바로 이거야!"

미스터 하버드가 소리쳤다. 그는 섬나라 화폐를 발행할 방법을 찾았다.

"블록체인 기술로 암호화폐를 만들자. 여기에다 '아일랜드코인'이라고 이름 붙이면 근사할 거야. 드디어 우리 섬나라는 은행 없이도 안전하게 거래할 수 있는 화폐가 생겼어."

아일랜드코인

우리도 암호화폐를 발행하시죠

•

미스터 하버드가 섬나라의 암호화폐를 만드는 과정을 들려주던 후배가 잠시 이야기를 멈춘다. 그리고 섬나라의 후일담을 들려준다.

"미스터 하버드는 블록체인 기술을 활용해 자신들의 암호화폐를 설계했죠. 그렇게 발행한 암호화폐를 '아일랜드코인'이라고 이름 붙였습니다. 섬나라 주민은 '아일랜드코인'을 사용해서 물건을 구매하고, 금융 거래를 시작했어요. 또 검증자는 유효성 검증의 대가로 코인을 지급받았고, 그 코인을 사용하기 시작했죠. 그 이후 섬나라 주민들은 암호화폐인 '아일랜드코인'을 주 통화로 사용하게 되었어요."

"그래, 그렇구나. 그건 그렇고 지금까지 왜 우리가 이 이야기를 했지?"

"오호, 핵심을 찔렀네요. 왜 내가 형님께 암호화폐 발생 과정을 설명했을까요? 우리도 암호화폐를 발행하자는 사업 제안을 하기 위해서입니다."

"우리가 암호화폐를 발행한다고?"

암호화폐 살인 사건

느닷없는 후배의 제안에 혼란스럽다. 얼핏 듣기로도 블록체인 기술을 이용해 네트워크를 구축하는 일이 보통이 아닌데 우리가 어떻게 한단 말인가. 의문을 풀기 위해 후배의 다음 말을 기다린다.

코인을 만들자고?

블록체인을 해킹할 수 있는가?

•

"형님, 지금부터 본격적으로 우리 암호화폐 발행을 의논합시다."

후배의 얼굴이 사뭇 진지하다.

"그래, 좋아. 그런데 우리가 암호화폐를 발행하는 일이 어떻게 가능하니? 난 통 이해가 안 돼."
"형님 입장에서야 당연히 그런 마음이 들 겁니다. 돈도 많이 들 것 같고, 어렵게 느껴지는 게 당연하죠."

후배가 한결 낮은 목소리로 말한다. 누군가를 설득할 때는 중저음의 목소리가 좋다는 말이 맞나 보다. 설명할 때의 열변보다 나지막한 그의 목소리가 믿음직하다.

"블록체인의 거래와 암호화폐의 안정성을 보장하는 또 한 가지 중요한 장치가 있어요. 누군가가 네트워크의 디지털 장부를 변경하려면 네트워크의 대다수 컴퓨터를 해킹해야 합니다. 정확하게 말하면, 네트워크에 연결된 51%의 컴퓨터의 블록을 해체하고, 해킹하려는 블록의 서류를 조작해야 한단 말이죠. 그렇게만 하면, 나머지 49%의 컴퓨터는 자동으로 그것을 받아들이도록 설계되었어요."

"그럼, 네트워크 참여자가 많으면 그 많은 컴퓨터의 절반을 해킹하는 게 불가능하지 않을까?"

"맞습니다. 블록체인 기술의 또 다른 강점이 그거죠. 그런데 유효성 검증이 끝나면 항상 새로운 블록이 생깁니다. 그 블록이 그 이전의 블록에 연결된다고 했죠. 블록의 유효성에 필요한 수학 문제를 푸는 데 걸리는 평균 시간이 10분입니다. 그렇다면 네트워크에 있는 컴퓨터의 절반을 몇 분 안에 해킹해야 할까요?"

"글쎄? 10분이라고 했으니 그 안에 해야 한단 말인가?"

"오 형님 머리가 좋네요. 이전 블록에 새로운 블록이 묶이기 전에 해킹해야죠. 10분 안에 그 많은 컴퓨터를 해킹한다? 불가능하죠. 아무리 성능이 뛰어난 컴퓨터로도 네트워크를 통제하고, 블록체인의 데이터를 변경하는 것은 거의 불가능합니다. 블록체인 기술과 암호화폐가 신뢰성 있고 안전하다고 평가받는 이유가 바로 이겁니다."

"아하, 그래서 블록체인 네트워크에서는 중앙 기관이 없어도, 또 암호화폐를 사용해도 문제가 없다는 이야기구나."

"맞습니다. 그런데 암호화폐는 디지털 자산이며, 그 존재와 거래는 블록체인이라는 분산 원장 기술에 의해 기록되고 추적됩니다. 블록체인 네트워크에서 암호화폐의 각 거래는 데이터 블록에 기록되며, 이 데이터 블록들이 서로 연결되어 체인을 형성하죠. 이러한 블록체인 기술은 거래의 투명성과 불변성을 보장하면서, 암호화폐의 보유와 이동을 관리합니다. 따라서 암호화폐는 블록체인상의 디지털 기록으로 존재하며, 개인의 암호화폐 지갑 주소와 연결되어 있습니다."

"암호화폐 지갑? 이건 또 무슨 말인가?"

"암호화폐는 블록체인 네트워크상에 존재하는 디지털 자산이라고 말했잖아요. 그걸 받으려면 역시 디지털 지갑이 필요하단 말입니다. 검증의 대가로 받은 암호화폐, 즉 채굴한 암호화폐를 그곳에 담아두는 거죠."

"그럼, 섬나라 사람들도 전자지갑 안에 '아일랜드코인'을 담아두겠구나."

"그렇죠. 중요한 게 뭔지 아세요? 형님 회사도 암호화폐를 발행해 판매할 수 있어요. 지금부터는 암호화폐를 코인이라고 부를게요."

"그래? 뭐 그거야 무슨 상관이 있냐. 우리가 코인을 발행할 수 있다니 듣던 중 반가운 소리야."

이 대목에서 눈이 번쩍 뜨였다. 우리가 암호화폐를 발행한다고? 왠지 뭔가 될 것 같은 느낌이 들었기 때문이다. 마음은 조급하지만, 이야기를 마친 후배가 자리에서 일어나서 몸을 푼다. 꽤 오랜 시간 말을 하느라 피곤할 만도 하다. 우리는 대화를 멈추고 잠시 쉬기로 했다.

돈 안 들이고
코인을 발행해 팔자고?

•

후배가 묻는다.

"형님, 우리가 코인을 발행하는 것이 상상이 가시나요?"
"글쎄, 그게 가능할까? 블록체인 기술이랑 이런 거 다 어떡해야 하나? 누가 그 일을 할 수 있지?"

미심쩍은 마음으로 내가 대답했다. 이어지는 "음, 그게 사실 이 프로젝트의 핵심이죠. 블록체인 기술을 제대로 구현할 수 있는 사람이 있어야죠."라는 후배의 말에 당황했다.

"그게 만만한 일이 아니라면서? 아휴, 말이야 좋지만, 그걸 어떻게 해결해?"

당황한 나는 급하게 말을 뱉었다. 초조하게 후배의 대답을 기다렸다.

"맞습니다. 블록체인 기술을 이용해서 사업을 구상하고 암호화폐를 발행하려면 비용이 많이 들어요. 블록체인 네트워크와 암호화폐를 개발하는 데 상당한 기술적 전문성이 필요하거든요. 이를 위해 블록체인 개발자를 고용하거나 외부 전문 회사에 의뢰해야 합니다. 외부 용역을 맡기거나 전문가를 채용하려면 돈이 많이 들겠죠?"

이거 하나 마나 한 말이잖아. 전문가 쓰고 돈 많이 들이면서 굳이 골치 아픈 일을 왜 해? 그냥 편하게 살지, 내심 속으로 이런 생각이 들었다.

"그러니까 말이야. 그걸 어떻게 감당하지?"

그래서 일부러 나는 퉁명스럽게 말했다.

"그뿐만 아닙니다. 블록체인 네트워크를 유지하고 운영하는 데 필요한 서버, 보안 시스템, 네트워크 인프라 등에 대한 지속적인 투자가 필요합니다. 또 블록체인과 암호화폐는 고도의 보안이 요구됩니다. 해킹이나 사기로부터 네트워크를 보호하기 위해, 지속적인 보안 업데이트와 모니터링이 필요합니다. 게다가 자체 암호화폐를 출시하면 이를 알리기 위한 마케팅과 홍보 활동에도 상당한 비용이 들죠."

이렇게 말하는 후배는 표정이 묘하다. 이거 하자는 말인지 말자는 말이지 분간이 가지 않는다.

"좋다 말았네. 이렇게 비용도 많이 들고, 전문 인력도 필요한데 우리가 어떻게 암호화폐를 개발한단 말이야? 괜히 사람 마음만 들었다 놓은 거 아니야?"라고 볼멘소리를 했다.

"뭐, 그것도 틀린 말이 아니죠. 사무실도 넓혀야 하고, 내부 직원과 외부 이해관계자에게 새로운 시스템에 대한 교육을 제공하고, 기술 지원을 제공하는 데에도 다 돈이 들어요. 갈 길이 첩첩산중이죠."

이렇게 말하는 후배를 보자 은근히 부아가 치민다.

"그럼 지금까지 우리가 뭐 하려고 긴 시간 이야기를 한 거야? 처음부터 나는 암호화폐에 관심도 없었는데, 자네가 괜히 내 머리만 복잡하게 했잖아."

나는 목소리 톤을 높여 핀잔을 주었다. 처음부터 우리 수준에 맞지 않는 이야기를 왜 꺼내서 사람 약 올리는 건지 은근히 화가 난다. 상식으로 알아두기에는 기술적 내용이 너무 많아 괜한 시간만 날린 억울한 기분도 든다.

후배도 이런 내 마음을 읽었는지 짐짓 다정한 목소리로 말한다.

"형님, 제가 돈 많이 들여가면서 이 프로젝트를 하자고 하겠어요? 돈은 적게 들이고 코인을 발행해서 팔자는 말입니다."

이렇게 말하는 후배의 표정은 자신감이 넘친다.

"그래? 돈을 많이 들이지 않고도 코인을 발행할 수 있다고?"

어째 이야기가 더 흥미진진하다. 그렇게 나는 대박의 꿈을 꾸며 후배의 입을 쳐다봤다.

코인과 토큰,
무얼 만들까?

다 된 밥에 숟가락 얹기

•

초여름 해가 한참이나 길어졌다. 사무실 벽시계의 짧은 팔은 느릿하게 숫자 6을 지났고, 긴 바늘은 시계 아래 중앙에 팔을 걸쳤다. 초를 다투는 바늘은 바삐 회전판을 돌고 있다. 오후 2시에 시작한 대화가 4시간을 훌쩍 넘겼다.

배도 출출하고 해서 사무실 근처의 중식당으로 자리를 옮겼다. 식당은 사람들로 북적거렸지만, 단골집이라 특별히 조용한 방을 내주었다. 자리를 잡고 요리가 나오기를 기다리는 동안 내가 먼저 이야기를 시작했다.

"처음에는 블록체인 네트워크를 구축하는 일이 어렵고, 돈도 많이든다고 해서 솔직히 실망했어. 그런 걸 왜 나한테 말하나 싶어서 화가 났어. 뭐, 그런데 돈을 들이지 않고도 블록체인에서 코인을 만들수 있다고 하니 안심이 되긴 해. 어떻게 하면 코인을 발행할 수 있을까?"

"형님, 돈을 들이지 않으려면 자체 블록체인 네트워크를 구축하지 않아야 합니다. 일도 복잡하고 전문가를 뽑아야 하는데, 굳이 그걸 우리가 직접 할 일이 뭐 있나요. 그렇게 하지 않고도 쉽게 코인을 만들 방법이 있어요."

후배는 자신감이 넘친 표정으로 거침없이 말한다. 그의 말이 반가운 나머지 기다릴 틈도 후배를 다그쳤다.

"뭐? 그런 방법이 있다고? 그게 가능해? 그런 방법이 있으면 먼저 말을 하지 그랬냐?"

그렇게 나는 푸념했다.

"형님, 일에도 순서가 있는 법이라 기초 지식을 알아야 이해하기 쉽습니다. 먼저 앞자락을 길게 깐 이유가 이 때문입니다."

후배가 호흡을 가다듬느라 잠시 뜸을 들인다. 그리고는 바로 말을 잇는다.

"혹시 이더리움이라는 암호화폐를 들어 보셨나요? 이더리움은 암호화폐이면서 동시에 블록체인 플랫폼을 제공하는 네트워크라고 보면 됩니다. 우리 암호화폐 사업을 위한 네트워크와 필요한 기술 인프라를 제공 받을 수 있습니다. 우리는 이 시스템 위에 새로운 코인을 발행할 수 있어요. 이렇게 하면 처음부터 직접 블록체인 시스템을 구축하는 것보다 훨씬 간단해요. 구축 비용이 들지 않고, 사용료만 내기 때문에 적은 비용으로 새로운 암호화폐를 발행할 수 있어요."

말을 마친 후배가 뿌듯한 얼굴로 나를 쳐다본다. 이게 바로 노하우라는 자기 자랑을 빼먹지 않는다.

"그래? 그럼, 이더리움 블록체인 플랫폼에다 우리 사업 아이템을 얹는다는 말이야? 그렇다면 밥상에 숟가락을 얹는 일이니 좋은데."

마음이 후끈 달아오른 나는 후배의 대답을 기다렸다.

웬 암호화폐가 그렇게 많아?

•

　그 참에 주문한 요리가 나온다. 요리고 뭐고 눈에 뵈지 않고, 후배의 말이 더 중요했다. 그런데 후배는 배가 고프다면서 대답 대신에 음식을 먹는다. 애가 탔지만, 하는 수 없이 나도 음식을 먹기 시작했다. 급한 허기를 달래고 난 후, 후배가 말을 이어갔다.

　"형님, 암호화폐의 종류가 왜 많은 줄 아세요? 바로 암호화폐 발행을 도와주는 플랫폼 때문이죠. 이 플랫폼 덕분에 사람들은 마음만 먹으면 언제든지 쉽게 암호화폐를 발행할 수 있어요. 자체 블록체인 네트워크 없이 발행하는 암호화폐를 토큰이라고 불러요."

　"그렇다면 코인과 토큰이 다르다는 말이야? 암호화폐면 다 같은 건 줄 알았는데, 그게 아닌 모양이야."

　"그렇죠, 내용이 조금 달라요. 우리나라만 해도 수천 어쩌면 수만 개의 코인, 더 정확하게 말하면 토큰이 발행되고 있어요. 거래소에서 매매하는 대부분의 암호화폐는 코인이 아니라 거의 다가 토큰이라고 보면 됩니다."

"아, 그렇구나. 그러면 자본력이나 블록체인 기술력이 약한 사람은 토큰을 발행하는 것이 좋겠구먼. 한 가지 걸리는 것은 코인보다 토큰의 신뢰성이 떨어지지 않을까?"

"그렇죠. 그렇지만, 일반 사람들은 코인과 토큰을 구별하지 못해요. 비트코인을 제외한 나머지 모든 암호화폐를 알트코인(Altcoin; Alternative coin), 굳이 설명하자면 비트코인의 대안 코인이라는 뜻입니다. 알트코인의 대표주자가 이더리움이죠. 그렇지만, 알트코인 중에는 코인이 아니라 토큰이 더 많다는 사실을 아는 사람이 그리 많지 않아요. 그만큼 블록체인 기술이 일반인에게는 이해하기 어렵다는 뜻이죠."

"그럼 알트코인 중에서 실제 코인은 그리 많지 않다는 거구먼. 그걸 일반인이 어떻게 알아?"

"사실 일반 투자가들은 이 둘을 구분하려 하지 않아요. 코인이면 어떻고, 토큰이면 어떠냐고 생각하죠. 투자해서 돈을 벌 수 있다면 그만이란 뜻이죠. 그래서 우리가 코인. 아니, 토큰을 발행하자는 겁니다. 이제 제가 큰돈 들이지 않고 코인을 발행할 수 있다고 말한 이유를 이해하시겠죠?"

비트코인과 이더리움은
뭐가 달라?

•

"음, 접수했어. 비트코인은 그냥 비트코인이지만, 이더리움을 알트코인이라고 부른다는 사실을 알았어. 그런데 이 둘은 구체적으로 무엇이 다르지?"

"좋은 질문입니다. 비트코인과 이더리움은 가장 인기 있는 암호화폐이지만, 그 목적과 기능에는 차이가 있어요."

"목적과 기능의 차이? 들을수록 복잡하구먼.

"비트코인은 최초의 암호화폐로, 주로 중앙은행이나 단일 관리 기관 없이 안전하고 탈중앙화된 전자 결제 수단으로 사용되죠. 반면, 이더리움은 스마트 계약과 분산 원장을 실행하는 플랫폼으로, 통화의 기능과 플랫폼의 기능을 동시에 수행하죠. 비트코인의 블록체인은 거래 기록에 초점을 맞추고 있지만, 이더리움의 블록체인은 스마트 계약과 분산 애플리케이션을 지원하는 플랫폼 역할도 겸하고 있어요."

"이거 갈수록 태산이네. 암호화폐와 블록체인 기술은 양파처럼 까면 깔수록 새로운 이야기가 쏟아지네. 일단 무슨 말인지는 알았어."

"형님, 이것 말고도 두 암호화폐의 두드러진 차이가 유효성을 검증하는 방법에도 있어요. 비트코인은 '작업 증명(Proof of Work)' 방식을 사용하고, 이더리움은 '지분 증명(Proof of Stake)' 방식을 사용해요.

"이미 한 번 나온 이야기라, 궁금해서 물어보려고 하던 참이야. 작업 증명과 지분 증명은 또 무슨 말인가?"

"형님, 이 이야기는 좀 복잡한 기술 용어라 나중에 기회가 닿는 대로 들려드리도록 할게요. 오늘은 이런 게 있다는 정도만 아시죠. 너무 많은 기술 용어를 한꺼번에 소화하려면 형님 머리가 복잡해질 겁니다."

"그래, 나도 그게 좋겠어. 자칫하다가는 머리가 터질지도 모르니까 말이야."

이 말을 마치자 우리는 가벼운 웃음을 터뜨렸다. 아직 배가 차지 않았는지 후배가 다시 음식을 먹는다. 대화를 강요할 수는 없는 노릇이라 잠시 뜸을 들이도록 기다렸다.

후배가 식사하는 동안 나는 속으로 고민했다. 비트코인보다 이더리움의 활용도가 더 높은 것 같은데, 왜 시세는 비트코인이 더 비쌀까? 후배가 식사를 마치자 나는 바로 후배에게 이걸 물었다. 그러자 후배는 다음과 같이 상세하게 말해주었다.

자산이야? 증권이야?

•

비트코인은 세계 최초의 암호화폐로서의 상징적 가치와 신뢰성을 지니기에 가격이 비싸다. 사람들이 비트코인을 '디지털 금'으로 여길 정도로 희소성이 있다. 비트코인의 총공급량은 2,100만 개로 제한되어 있지만, 이더리움은 공급 한계가 정해져 있지 않아 희소성에서 비트코인보다 불리하다. 또한, 비트코인은 시장에서 가장 잘 알려진 암호화폐이며, 많은 투자자가 첫 투자처로 비트코인을 선택한다. 비트코인의 넓은 인지도가 수요를 창출하고, 그 결과 가격이 상승하는 것이다. 비트코인은 암호시장을 선점한 혜택을 톡톡히 누리고 있는 셈이다.

그렇지만, 이더리움의 기술적 혁신과 활용성은 장기적으로 그 가치를 높일 잠재력을 가진다고 말하는 사람도 많다. 이게 이더리움의 장점이자 동시에 약점으로 작용하고 있다. 비트코인은 이미 자산으로 인정받았지만, 이더리움을 증권으로 생각하는 사람도 많다. 미국 증권거래위원회가 이런 생각을 고수한다는 이야기가 들린다.

이더리움은 스마트 계약 기능과 탈중앙화 애플리케이션을 지원하는 블록체인 플랫폼이다. 이 때문에 이더리움은 다양한 산업과 서비스에서 활용될 수 있는 잠재력을 가진다. 이더리움은 단순한 가치 저장 수단을 넘어서, 장기적으로 큰 가치를 창출할 수 있는 디지털 서비스 애플리케이션 기반을 제공할 수 있다.

그렇지만, 이더리움의 이러한 활용성이 다른 금융 상품이나 IT 기술과 다를 바가 없다는 주장도 있다. 이더리움을 자산으로 보느냐, 증권과 같은 금융 상품으로 보느냐에 따라 법적 규제의 강도가 달라진다. 미국 증권거래위원회(SEC)가 이더리움을 증권으로 간주할 경우, 이에 따른 강한 규제에 직면할 가능성이 높아진다.

이더리움이 자산으로 인정받느냐 아니면 증권으로 치부되느냐는 이더리움의 미래에 큰 영향을 미친다. 기술적 혁신과 높은 활용성은 이더리움의 강력한 잠재력이면서, 동시에 여러 가지 법적 규제에 묶일 가능성을 높인다. 오히려 너무 많은 활용성이 이더리움을 각종 규제의 올가미에 몰아넣을 가능성이 높다는 말이다. 투자 대상이 갖는 안정성 면에서 명쾌하게 자산으로 인정받은 비트코인이 현재로서는 이더리움보다 앞선다.

비트코인과 이더리움의 차이를 설명을 마치고 후배의 이야기는 우리 토큰 발행을 위한 세부 내용으로 이어진다. 말하자면, 이제부터가 본격적으로 돈 되는 이야기다. 나는 한마디라도 놓칠까 봐 온 신경을 집중했다.

암호화폐 살인 사건

함정에 빠질 위험

공격적인 알트코인 투자

•

지금까지 긴 이야기 듣느라 목 빠지는 줄 알았다. 드디어 우리 사업을 이야기할 차례다. 배도 든든하니 이제 마음을 든든히 채운다는 생각에 기분이 들뜬다. 지금까지 후배가 한 말을 정리하면, 이더리움 플랫폼을 활용해 토큰을 발행하자는 것이다. 뭐 발행하고 자시고 할 것 없이, 이더리움에 수수료를 지불하면 떡하니 암호화폐를 발행해 주니 그저 먹기다.

일반인은 이해하기 힘든 없는 일이 암호화폐 시장에서 일어나고 있다. 알고도 코 베이고, 모르면 아예 통째로 지갑을 탈탈 털린다. 하기야 이건 투자자들이 알아차려야 할 경고이지, 내가 신경 쓸 일은 아니다. 우리는 토큰을 발행해 많이 파는 게 중요하다. 우리 계획대로 되면 토큰 가격은 오를 것이다. 그때 우리는 팔고 손 털면 된다.

암호화폐를 발행하기는 그리 어렵지 않다. 블록체인 네트워크 없이도 암호화폐를 발행할 수 있다니 이보다 더 좋은 소식이 없다. 토큰 발행이 쉽다는 것도 좋은 소식이지만, 그걸 거래소 상장하기도 쉽다니 금상첨화다. 코인 거래소가 우후죽순처럼 생겨나니 적당히 구색만 갖추면 받아주는 거래소가 많다. 이 때문에 코인 거래소에 상장되었다고 투자 가치가 있는 것으로 판단하는 생각은 무모하다.

우리나라의 투자자는 암호화폐의 투자에서도 무척 공격적이다. 미국 투자자들은 전체 암호화폐 중에서 비트코인에 가장 많이 투자하고, 다음으로 이더리움에 많이 투자한다. 미국인은 이 둘에 대한 투자 비중이 40%를 넘어 보수적인 투자전략을 취한다.

반면에 우리나라의 투자자는 이 두 대표 암호화폐에 투자하는 비중이 채 10%에도 미치지 못한다. 나머지 약 90%가 넘는 투자자들이 알트코인에 투자한다. 이더리움을 포함한 몇 개의 알트코인을 빼면, 대부분 자체 블록체인을 소유하지 않고 발행하는 토큰이다. 그만큼 우리나라의 투자자는 가격 변동성이 크고, 미래 가치가 불안정한 곳에 위험하고도 공격적으로 투자한다. 대박을 꿈꾸지만, 쪽박의 위험성이 큰 길을 간다.

암호화폐 시장도 발달 초기 단계라 옥석이 가려지지 않은 상태다. 불나방처럼 돈을 보고 달려드는 사람이 천지다. 코인 관련 사기 사건이 심심치 않게 터지고, 심지어 살인 사건이 터진 이유도 바로 그 때문이다. 시간이 지나면서 제대로 된 사업 아이템과 기술력을 가진 블록체인 비즈니스 모델이 드러날 것이다. 우리 생활 속으로 기술이 더 깊숙이 들어오면, 제대로 된 블록체인 사업은 번창할 것이다.

암호화폐에 투자하고 싶다고? 어떤 암호화폐에 투자하면 좋으냐고? 판단이 쉽지 않다. 닷컴 열풍이 불 때도 수많은 기업이 생겼다가 사라졌다. 아마존닷컴에 투자한 사람은 대박을 터트렸지만, 그렇지 않은 사람은 돈을 날렸다. 블록체인 사업의 미래도 이와 다를 바가 없다. 블록체인 기술의 장래도 불확실하지만, 그것을 이용해 발행하는 암호화폐의 앞날은 더 불투명하다. 과연 어떤 기업이 살아남을 것인지 판별하는 통찰력, 그건 오롯이 투자자가 갖춰야 할 역량이다. 그래야 함정에 빠지지 않고 돈을 벌 수 있다.

암호화폐 살인 사건

첨단 이미지로 포장하기

•

"형님, 우리가 전자상거래를 시작한다고 해봅시다. 제일 좋은 방법은 직접 쿠팡이나 아마존닷컴 같은 온라인 거래 사이트를 만드는 겁니다. 그런데 왜 그렇게 하지 않을까요? 결국 투자 비용과 운영 비용 때문이죠. 직접 사이트를 구축하는 것보다 쿠팡이나 아마존에 입점하는 것이 유리하죠. 이미 개발된 플랫폼을 장점을 이용하는 거죠. 블록체인 기술에서도 이게 그대로 적용됩니다."

후배의 설명을 들으니, 뭔 말인지 이해가 된다. 아마존닷컴이나 쿠팡 같은 온라인 플랫폼에 해당하는 것이 블록체인에서는 이더리움이다. 후배와 나는 이더리움 플랫폼을 이용해 토큰을 발행하자고 결정했다.

"먼저 해야 할 일은 토큰을 발행하는 목적과 그것을 활용할 방안을 사업계획서에 담는 겁니다. 토큰 발행 목적은 우리가 추구해야 할 사업에 필요한 자금 조달하는 것으로 하면 됩니다."

후배가 차근차근 말한다.

"일을 쉽게 처리하려면 현재 형님 사업에 새로운 사업을 추가하는 것이 좋겠죠. 그게 일을 단축하고 번거롭게 사업등록증을 새로 발급받을 필요도 없죠."

"그럼 새로운 사업 아이템을 뭐로 하면 좋을까?"

내 물음에 후배는 말한다.

"아무래도 첨단 이미지가 풍기는 것이 좋겠어요. 형님, 사업 아이템으로 천연 공기 판매 사업은 어떨까요? 친환경의 이미지도 있고, 자연 공기 판매업이니까 첨단 이미지도 있으니 좋죠. 사업계획서를 포장하기도 좋아요."

후배의 제안을 듣고는 살짝 당황했다. 우리는 인터넷 가입과 컴퓨터 판매업인데, 천연 공기 사업이라? 내가 미심쩍은 표정을 지으니 후배가 말을 잇는다.

"형님, 지금은 사업계획을 구체적으로 따지기보다는 첨단 이미지로 포장하는 게 중요합니다. 물이 들어왔을 때 노를 저으라는 말이 있잖아요? 암호화폐 시장이 후끈 달았을 때 빨리 진출해 한몫 챙기는 것

암호화폐 살인 사건

이 낫죠. 안 그래요?"

후배의 말을 들으니, 몸이 다는 건 사실이다. 그러나 한편으로는 이래도 되는가 하는 망설임도 든다. 그러다가 이내 내가 어디 남 생각할 처진가, 우선 내 몫부터 챙기자는 사심이 끓는다. 에라, 돈 놓고 돈 먹는 판이라면 눈 딱 감고 뛰어들자.

그렇게 해서 우리는 기존의 컴퓨터 판매업에 천연 공기 판매업을 추가하기로 했다. 포장된 이미지라고 해도 환경적 가치와 함께 건강과 웰빙 측면에서도 전망이 밝아 사람들의 관심을 끌기에 제격일 테니까. 혹시 누가 아나. 돈이 들어오면 진짜 이 사업을 제대로 할지.

토큰 판매와 데이터 판매

•

이제부터는 우리 코인 발행을 위한 실무적인 내용을 검토해야 할 차례다. 창밖은 깊은 어둠에 묻혔다. 우리 대화도 더 진지하고 내용이 깊어져 간다. 이에 잘만하면 한몫 챙길 수 있다는 기대가 가슴을 부풀게 한다. 그런데 문제는 사업계획서 작성이다. 사업계획서를 잘 작성해야 한다. 그래야 고객을 끌어들이고, 또 거래소에 쉽게 상장할 수 있다. 그 문제를 두고 후배와 상의하기 시작했다.

"형님, 사업계획서는 제가 작성할 테니 걱정하지 마세요. 천연 공기 판매와 공기 데이터 수집을 사업 아이템으로 포함하겠습니다. 공기 오염도를 측정하고 필요한 천연 공기의 양을 수집해서 그것을 필요로 하는 연구소나 공기 청정기 회사에 판매하는 겁니다. 말하자면, 일반 소비자를 대상으로 천연 공기 발생기를 판매하고, 연구소나 공기 청정기 회사에 천연 공기 데이터를 판매하는 것으로 계획서를 작성하겠습니다."

후배의 말을 들으니 '이게 웬 떡인가' 하는 생각이 든다. 어려운 사업계획서를 작성하는 일을 후배가 맡겠다고 한다. 이제 우리가 하려는 토큰 발행 사업에 관한 이야기가 제법 틀을 잡아간다.

"그럼 우리 토큰 회사의 비즈니스 모델이 천연 공기 발생기 판매와 공기 관련 데이터를 판매하는 것으로 하는 건가?"

말이야 그럴듯하지만, 솔직히 부담되는 게 사실이다. 내가 조심스레 물었다.

"맞아요. 바로 그겁니다. 그걸 주 테마로 해서 사업계획을 수립하고, 우리 공기 발생기에다 공기 정화 농도를 수집하는 단말기를 답니다. 청정기에 기록된 공기 농도 데이터를 회사에 제공하는 사람에게 우리가 발행하는 암호화폐를 제공하는 겁니다."

후배는 우리가 발행할 암호화폐를 자금 조달을 위해 거래소에서 판매할 것과 유효성 검증자를 위한 것으로 구분하자고 한다. 우리가 거래소에서 팔아 돈으로 챙길 것과 유효성 검증자와 공기 청정 데이터를 제공하는 사람에게 줄 것을 처음부터 나눠놓자는 말이다.

"와, 기가 막히네. 자네는 언제 이렇게 암호화폐 지식을 축적했는지 감탄사가 절로 나올 지경이네."

내가 이렇게 칭찬하자 후배는 쑥스러운 듯 웃는다. 칭찬에 약한 것이 사람 마음이라 후배도 싫지 않은 표정이다.

"형님, 이건 어느 정도의 지식만 갖춰도 충분히 할 수 있는 내용입니다. 그보다 더 중요한 건 발행한 토큰을 잘 파는 일입니다. 말하자면, 홍보와 마케팅 역량이 필요합니다."

시각이 어느덧 10시가 되어 식당이 마감한다는 말을 전한다. 우리도 오늘은 여기에서 이야기를 마무리하고, 내일 사무실에서 다시 만나기로 하고 헤어졌다.

내일은 우리 토큰 이름을 결정하고, 토큰 발행 수수료와 네트워크 이용료 등 제반 비용을 산출하기로 했다. 그리고 마케팅과 홍보를 담당할 인력 충원과 나와 후배의 역할 분담도 정리해야 했다. 무엇보다도 중요한 수익금 배분 비율을 의논해야 하는데, 예민한 부분이라 서로가 속내를 감추고 있었다.

가스비를 줄이자

모처럼 찾아온 돈 벌 기회

•

천연 공기 발생기를 판매하고, 축적한 공기 청정 데이터를 판매하는 것이 우리 사업 모델이다. 우리 회사는 인터넷 장비와 컴퓨터 판매 회사라 천연 공기 발생기를 만든 경험이 없다. 그걸 어떻게 해낼지 막막한 것은 사실이다. 그렇다고 모처럼 찾아온 기회를 이대로 포기할 수는 없는 노릇 아닌가. 암호화폐를 발행해 가격을 올려야 돈을 벌 수 있고, 그러기 위해서 우리 사업을 잘 포장해야 한다.

컴퓨터 판매업을 첨단 사업으로 포장한다고 하면, 남들은 속임수가 아니냐고 지적할 수도 있다. 내심 속이 뜨끔하지만, 그렇다고 우리 계획이 완전 사기는 아니다. 우리 토큰 가격이 많이 올라 돈을 벌면 실제로 그렇게 하면 될 것이 아닌가. 막말로 코인 시장이나 주식 시장에 그럴듯하게 포장해 시세를 띄우는 회사가 한둘인가.

모처럼 찾아온 돈 벌 기회라 생각하니 잠을 설쳤다. 5월 밤이 짧다고 해도 홀딱 샐만큼 짧지는 않다. 그런 밤을 꼬박 지새웠다. 아침밥을 먹는 둥 마는 둥 회사로 나왔다. 설레는 마음에 밥 생각도 저만치 달아나고, 아무것도 먹지 않아도 배가 불렀다. 서둘러 회사에 도착해 후배를 기다렸다.

어제보다 한결 편안한 복장을 한 후배가 자리를 앉는다. 간단한 아침 인사를 마치고 진한 모닝커피를 마셨다. 사무실 가득 짙은 커피의 육중하면서도 달콤한 향이 퍼진다. 후배와 나는 이제부터 진짜 사업 이야기를 할 것이다. 오늘도 어떤 이야기가 나올지 기대한다.

"형님, 어제 한 이야기 이해하셨죠."

후배의 물음에 "그건 충분히 이해했고, 아침에 정리까지 다 했어." 라고 경쾌하게 대답했다.

"좋습니다. 그럼, 이제 우리 회사는 천연 공기(Natural Air) 발생기와 공기 청정도 데이터 판매업으로 거듭나는 겁니다. 공기 청정도 측정기를 부착한 공기 발생기를 팔고, 축적한 공기 청정도 데이터를 고객으로부터 다시 사들입니다. 그 대가로 고객에 우리가 발행하는 토큰을 지급합니다. 이 모든 일을 이더리움 블록체인 네트워크를 빌려서 작업하는 겁니다."

후배가 우리 사업 모델들을 다시 한번 강조한다.

"이더리움의 블록체인 네트워크에 지불하는 비용이 얼마쯤 될까?

그래도 제법 돈이 들 것 같은데?"

내 물음에 후배가 답한다.

"사실 그게 문제예요. 우리가 직접 블록체인 네트워크를 구축하는 것보다 적게 들지만, 그 돈도 만만치는 않아요."

'그야 당연한 이야기고, 그래서 어쩌면 좋은가?'하는 말이 목구멍까지 올라왔다. 그래도 체면이 있지, 너무 조급할 필요가 없다는 생각에 참고 후배의 말에 귀 기울였다.

"고객은 공기 청정도 데이터가 모이면 그걸 우리한테 팔겠죠. 이더리움 블록체인의 우리 네트워크에 그 자료를 입력하는 순간 자동 계약서(스마트 콘트랙트)가 작성됩니다. 그것을 네트워크에 전송하면 거래 횟수(트랜잭션)가 발생하죠. 이 양이 많아지면 우리 네트워크의 혼잡도가 증가하고, 그 결과는 고스란히 비용으로 발생합니다. 이렇게 발생하는 비용을 블록체인에서는 가스비(Gas Fee)라고 부릅니다."

암호화폐 살인 사건

가스비를 줄여야 한다

•

이더리움 네트워크를 빌리고 사용료만 조금 지불하면 끝나는 줄 알았는데 생각보다 일이 복잡하다.

"우리가 사업을 제대로 한다면 가스비가 많이 나와요. 자칫하면 차라리 네트워크를 구축하는 게 나을 수도 있어요. 한마디로 말하면, 배보다 배꼽이 더 클 수 있다는 말입니다."

후배의 말에 심란해진 나는 "그럼, 어떻게 하면 가스비를 낮출 수 있는데?" 하고 의기소침하게 물었다. 어두워진 내 표정을 보고 후배가 말을 이어간다.

"형님, 너무 걱정하지 마세요. 다 우리가 하기 나름입니다. 방법은 뭘까요? 가스비가 적게 나오도록 하면 되죠."
"어떻게 가스비가 적게 나오게 할 수 있을까?"

나는 마음이 급해진다. 이 대목에서 후배는 다시 커피잔을 든다. 눈을 감고 짙은 커피 향을 음미하는 후배 얼굴에는 편안함이 배어난다. 밀당하자는 심산인지 사람 마음을 뒤흔든다. 그래도 이 친구가 저리도 자신하니 뭔가 대안이 있나 보다. 그래, 이 친구 성격상 방법이 없으면 이런 말도 꺼내지 않았을 거야. 그렇게 생각하며 후배의 다음 이야기를 기다렸다.

"형님 집 보일러가 개별난방입니까, 아니면 중앙난방입니까?"

이더리움 사용료인 가스비를 말하다가 뜬금없이 우리 집 보일러는 왜 들먹일까.

"우리 아파트는 개별난방이야. 그런데 그건 왜?"

내 말을 듣자 후배가 반색한다.

"그러면 가스 사용량을 조절할 수 있겠네요. 자, 생각해 보세요. 보일러 가스비를 조절한다는 말이 뭔가요? 사용하지 않는 방의 가스 공급을 차단하고, 외출할 때 난방을 중단할 수도 있죠. 그렇게 하면 가스비를 크게 줄일 수 있잖아요? 다시 말하면, 보일러를 사용한 만큼 가스비를 낸다는 말입니다."

후배가 핵심을 말했다는 듯 흐뭇한 얼굴이다. 그야 당연한 말인데 뭘 새삼스러울까, 여전히 헷갈린다.

"아니 보일러 가스비 줄이는 것과 우리가 이더리움에 지불하는 가스비하고 무슨 상관이 있나? 하긴 용어야 둘 다 가스비이긴 하다만."

나는 조급하게 물었다.

"우리가 사용하는 이더리움의 네트워크를 보일러라고 생각하면 됩니다. 보일러 사용량을 줄이듯 네트워크 사용량을 줄이면 가스비도 줄어듭니다."

후배의 말이 알쏭달쏭하다.

"이더리움 네트워크의 사용을 어떻게 줄인다는 말인가?"

의문을 풀지 못한 나는 후배의 다음 말을 기다렸다.

양심을 접자

당분간 양심을 접으라고?

•

블록체인 가스비를 줄일 수 있다고? 그거 반갑고 귀가 솔깃하다. 속물이라 욕해도, 돈을 벌 수 있다는 말은 달콤하다. 후배의 목소리가 5월의 아침 공기만큼이나 상쾌하게 들린다. 후배에게 빨리 이야기하라고 채근했다. 후배는 진지하다 못해 근엄한 얼굴로 묻는다.

"형님, 진짜 천연 공기 발생기를 만들어 팔 겁니까?"

후배가 단도직입적으로 묻는 바람에 순간 멈칫했다. 나도 그걸 고민하던 터라 속내를 들킨 것 같아 뜨끔하다. 더 이상 회피할 수도 없고, 이 문제를 냉정히 따져봐야 할 순간이다.

"글쎄, 그게 가능할까? 나도 그 부분이 걱정이야. 청정 공기 발생기를 만드는 방법도 모르고, 생산 시설도 없어. 설혹 우리가 만든다고 해도 이미 대기업이 시장을 장악했잖아. 그걸 어떻게 뚫고 들어갈 수 있을까?"

암호화폐 살인 사건

솔직한 내 심정을 말했다.

"형님, 바로 그겁니다. 이미 대기업이 진출한 시장이라, 우리가 진입한다면 살아남지 못합니다. 자금도 부족하고, 기술도 없어 쉽지 않습니다. 물론 코인 판매가 잘 되어 자본금을 두둑이 모으면 그때 가서 생산을 고려해 볼 수는 있어요."

후배가 무심한 표정으로 설명한다. 사업계획을 짤 때 현실을 냉정하게 바라보는 것이 좋다. 그런 점에서는 후배의 신랄한 이야기가 오히려 후련하다. 속이야 쓰리지만 그걸 받아들여야 한다.

"그걸 누가 모르는가? 돈 없고, 기술도 없는 우리가 청정 공기 사업을 하겠다며 암호화폐를 파는 것이 맞는지 헷갈려. 자네가 방법을 알고 있다고 해서 그 답을 기다리는 거야. 빨리 그 말을 들려주게."

후배를 재촉하자, 그는 정색하며 낮은 목소리로 말한다.

"형님, 우리가 천연 공기 발생기를 만들지 않으면 어떨까요? 아니, 전혀 만들지 않으면 신경 쓰이겠죠. 만들긴 하지만 대충 구색만 갖추자는 거죠. 나중에 돈이 많이 모이면 그렇게 하면 되잖아요."

이 말을 들은 나는 혼란스럽다.

"아니, 그게 가능할까? 우리 비즈니스 모델이 그건데, 그걸 하지 않으면서 암호화폐만 팔아도 되냐?"

나는 당황해하며 물었다. 후배의 설명이 이어진다. 지금부터 우리 사업계획서, 흔히 말하는 백서를 작성해야 한다. 백서 안에다 우리 회사가 천연 공기 기술 우수 업체라는 사실을 밝히는 것이 좋다. 지금 우리가 그 기술을 가진 것은 아니지만, 기술을 사거나 기술을 가진 사람을 영입하면 된다. 그렇게 하고 난 후, 공공 기관으로부터 우수 기술 업체라는 인증을 받아야 한다. 그건 맨입으로 할 수 없고, 담당자한테 따로 로비해야 한다는 말도 덧붙였다.

모든 사업이 그렇지만, 사업이 계획대로 진행되는 것은 아니다. 우리가 천연 공기 발생기 판매와 공기 청정도 데이터 사업을 계획해도 사정이 있으면 못 할 수도 있다. 만일 우리 코인이 잘 팔려 돈을 많이 모으면 계획대로 사업을 하면 된다. 사업의 투명성을 보장할 수 없지만, 원래 비즈니스는 그렇다면서 나를 위로한다. "당분간 양심을 꺼내 냉장고에 보관하자."는 실없는 농담을 던지는 후배를 보니 묘하게도 마음이 편안해진다.

우리가 천연 공기 발생기를 팔지 않으면 데이터 거래도 없다. 암호화폐를 발행할 때만 이더리움 네트워크가 작동한다. 우리가 아무것도 하지 않으면, 자동 거래 명세서를 생성할 일이 없고, 자연히 거래 횟수가 발생하지 않는다. 후배의 말에 따르면, 그건 우리가 대여한 이더리움 네트워크를 가동할 일이 없다는 것이다.

보일러를 틀지 않으면 된다

•

"형님 집 보일러가 개별난방이라고 했죠? 만일 가족이 일주일 여행을 간다고 하면 스위치를 외출 상태로 바꾸죠? 그 기간 가스 사용량이 크게 줄겠죠?"

후배가 설명하는 대로 보일러를 사용하지 않으면 가스비야 당연히 줄어든다. 그 원리를 우리 사업에 적용하자는 말이다. 알 듯 말 듯 한 후배의 말에 당황스럽다.

"그럼, 토큰만 발행하고 실제로 사업을 하지 말자는 이야기인가?"

당황하는 내 얼굴을 보며 후배는 "그렇죠. 천연 공기 청정기 사업에 필요한 자금을 조달할 목적으로 코인을 발행한다고 하면 됩니다. 물론 돈이 많이 들어오면 까짓 전문가를 고용해 실제 사업을 할 수도 있고요."라고 대꾸한다.

암호화폐 살인 사건

그게 가능할까? 솔직히 양심에 찔리긴 하다만, 에라 모르겠다는 심정으로 후배의 말에 동의한다. 후배의 설명은 이렇다. 먼저 발행 토큰 수를 줄이면 당연히 토큰 거래량도 준다. 또 천연 공기 발생기를 적게 판매할수록 공기 청정도 데이터를 거래하는 횟수도 줄어든다. 그렇게 되면, 우리가 대여한 이더리움 네트워크가 활동할 일이 적어진다. 마치 보일러를 외출 상태로 돌린 것과 같은 원리다. 극단적으로 암호화폐만 발행하고, 네트워크 활동을 줄이면 이더리움 가스비를 몇백만 원 내에서 해결할 수 있다.

"이제 막 코인 거래소가 생겨나기 때문에 일이 쉬워요. 암호화폐 시장의 태동기라 지금은 코인 발행하고 등록하기가 편하죠. 거래소도 한두 개가 아니라 서로 코인을 유치하기 위해 혈안이 되었습니다."

"그렇구나. 솔직히 양심에 찔리기는 하지만, 그게 뭐 대순가. 다들 그렇게 하는데."

비즈니스 모델이 확실치 않아도 암호화폐 발행이 가능하다는 데 놀랐다. 도대체 코인 거래소에 상장해 매매하는 토큰 가운데 제대로 블록체인 사업을 실행하는 코인이 몇 개나 될까? 개중에는 분명 앞으로 발전 잠재력을 가진 블록체인 사업이 있을 것이다. 그런 사업의 코인은 사두면 나중에 큰돈이 될 수 있다. 그렇지만, 코인 거래소에는 한몫 챙기려는 코인도 많다. 이제 우리도 그 복마전으로 들어간다. 당분간 눈을 질끈 감고, 양심을 접어 두기로 결심했다.

비트코인은
죽지 않았다

비트코인은 살아있다?

•

후배와 내가 코인 프로젝트를 열심히 논의할 때는 2019년이다. 시 곗바늘을 빨리 돌려 '백 투 더 퓨처(Back to the Future)'해서 2023년 12월로 돌아왔다. 과거 얘기만 하면 지루할 수 있어 비트코인의 극적인 반전을 살펴보자. 그리고 다시 나와 후배의 암호화폐 발행 프로젝터 이야기를 이어갈 것이다.

2021년 11월 8일 비트코인은 67,567달러로 최고가를 기록했다. 여 기저기서 '비트코인이여 영원하라!'는 찬가가 울렸다. 사람들은 벌떼 처럼 비트코인 시장으로 몰려왔다. 세상일이 참 얄밉다. 하늘 높은 줄 모르던 비트코인 시세가 갑자기 추락하기 시작했다. 불과 1년 후 인 2022년 12월 말 비트코인 시세는 16,000달러를 맴돌았다.

비트코인은 최고가에서 무려 76%나 폭락했다. 비트코인에 투자했 다가 큰 소실을 본 사람들은 이를 갈며 장을 떠났다. 한편에서는 "그거 봐라! 깨소금 맛이다!" 하고 사람들은 소리쳤다. 비트코인은 역시 투기였고, 실체가 없다면서 신랄하게 비판했다. 그러면서 그들은 암호화폐의 허무한 민낯이 드러났다고 말했다.

그렇게 목숨이 다한 줄 알았던 비트코인 시세가 꿈틀거렸다. 2023년 초부터 시동을 걸기 시작한 비트코인은 12월 말이 되자 44,000달러를 상회했다. 최고 가격과 비교하면 약 34% 하락했으니 하락 폭을 반 너머로 축소했다. 비트코인에 투자해 말도 못하고, 속앓이하던 투자자들의 얼굴에도 화색이 돌았다.

이렇게 되자, 비트코인의 시세를 낙관하는 기사가 쏟아졌다. 2024년 말까지 10만 달러까지 상승할 것이라는 전망도 나왔다. 그동안 숨죽였던 비트코인 낙관론자는 비트코인이 죽지 않고 살아 있었고, 화려하게 부활했다고 환호한다.

세상일이 다 그렇지만, 일이 잘될 때는 장밋빛 전망이 넘쳐난다. 반대로, 일이 꼬이면 비관론자가 득세하고 곡소리만 난무한다. 이제 비트코인의 엄동설한이 끝났다는 이야기에서부터 수년 내에 비트코인이 100만 달러까지 상승할 거라는 즐거운 소리도 들려온다.

과연 그럴까? 이 말이 맞는다면 지금이라도 비트코인을 사야 한다. 100만 달러가 될 거라면 누구든 비트코인을 사지 않겠는가.

반대 의견도 만만치 않다. 비트코인은 실체가 없는 가상 자산이라 다시 바닥을 드러낼 것이라는 사람도 있다. 여전히 암호화폐를 믿지 않고 사람의 헛된 욕망이 빚은 투기라고 말한다. 비트코인에 투자하면 낭패 보니 절대 눈을 돌리지 말 것을 권유하는 현자도 많다.

과연 그럴까? 비트코인 가격이 폭락한다면 4만 달러도 과하다. 이 말이 옳다면 비트코인을 비롯한 어떤 암호화폐에도 관심을 두지 않는 게 좋다.

누구 말이 옳은지는 시간이 지나 보면 알 것이다. 이 와중에서도 용감한 투자자는 저점에서 비트코인을 샀다. 시세의 바닥에서 무언가를 사는 일은 사실상 불가능하지만, 용감한 투자자는 2만 달러를 깨고 끝없이 추락하는 비트코인의 칼날을 잡았다.

만일 2022년 12월에 비트코인을 샀다면 2.7배나 올랐으니, 수익률이 170%가 넘는다. 투자의 관점에서 본다면 1년 만에 이만한 수익률을 올리는 것은 절대 쉬운 일이 아니다. 온통 비관적인 전망이 난무할 때 비트코인을 사둔 사람은 지금 한참 재미를 보고 있을 것이다.

비트코인 시세가 어떻게 될까? 2024년 말에 10만 달러에 가 있을지, 아니면 다시 폭락해 있을지 누구도 장담할 수 없다. 그걸 안다면 돈을 벌지 못하는 사람은 없을 것이다. 오를 것이라고 확신하는 사람은 비트코인을 살 것이고, 그렇지 않다고 보는 사람은 외면할 것이다. 많은 사람은 이솝 우화에 나오는 여우처럼 '저건 신 포도야'라는 말을 되뇔지도 모른다. 비트코인이나 암호화폐의 장래를 점치는 일이 그만큼 어렵기 때문이다.

암호화폐 살인 사건

옛이야기를 잠시 멈추고, 말하고자 하는 것은 비트코인의 시세 전망이 아니다. 최근 비트코인 가격이 가파르게 상승하는 이유를 알아보기 위해서다. 2021년의 상승장을 살펴보고, 2023년 12월 상승장과의 차이를 살펴볼 것이다. 비트코인이 다시 투기의 광풍을 몰고 온 것인가, 신기술을 동반한 새로운 투자 수단인가? 판단은 전적으로 각자의 몫이다.

비트코인이 어떤 방향으로 갈지는 아무도 모른다. 비관과 낙관이 섞인 추측과 전망이 난무한다. 지금이라도 암호화폐 시장에 뛰어들지 고민하는 사람도 있을 것이다. 투자는 자기 책임 아래 이루어져야 하고, 투자하고자 하는 대상을 제대로 분석하고 알아야 한다. 남의 말만 듣고 투자한다면 쓰라린 실패를 맛볼 가능성이 크다.

풍부한 유동성과
낮은 금리가 올린 비트코인 가격

●

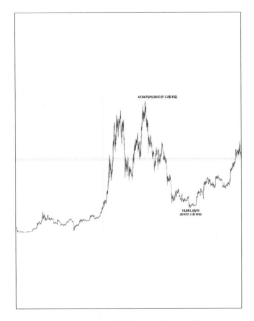

67,567달러(2021년 11월 8일)

16,881.6달러
(2022년 11월 20일)

2019년 이후 비트코인 시세 그래프

위의 그래프는 2019년부터 2023년 12월 4일까지 달러로 표시된 비
트코인 가격 변동 그래프다. 2020년 10월부터 상승하기 시작한 비트

암호화폐 살인 사건

코인 가격은 2021년에 역사상 최고치를 기록하였다. 그 후 등락을 거듭하다가 2022년 3월 말을 기점으로 본격적으로 하락했다.

우리가 프로젝트를 논의하던 2019년, 그해 비트코인의 최고 가격은 약 13,880달러이다. 현재 환율로 계산하면 약 1,800만 원을 상회하는 금액이다. 이후 비트코인 시세는 오르내리기를 반복하면서 서서히 상승 국면을 탔다. 2020년 12월 31일 비트코인은 28,994달러를 기록하면서 본격적인 상승을 시작했다. 그 후 비트코인은 폭발적인 상승장을 보이다가 2021년 11월 8일 비트코인은 역사적 최고 가격인 67,567달러를 기록했다.

2021년, 코로나19 바이러스가 전 세계를 강타했다. 그 영향으로 사람들의 활동이 줄어들고, 경기가 급속히 위축했다. 이를 염려한 미국을 중심으로 한 선진국은 경기를 살리기 위해 엄청난 돈을 풀었다. 그 결과 사람들 사이에서 인플레이션 우려가 생겼고, 사람들은 인플레이션에 대한 방어 수단으로 비트코인을 바라보기 시작했다. 이런저런 이유가 어우러지면서 비트코인 가격은 급상승했다.

또 한 가지 비트코인 상승의 기폭제가 된 것은 선물 기반 비트코인 ETF의 출시이다. 2021년 10월 19일에 뉴욕 증권 거래소(NYSE)에서 출시된 선물 기반 비트코인 ETF(Exchange-Traded Fund)는 비트코인 자체에 직접 투자하는 것이 아니라, 비트코인의 미래 가격에 대한 계약(선물)에 투자하는 금융 상품이다. 이때부터 사람들은 비트코인이 제도권으로 진입할지도 모른다는 희망을 가졌다.

2021년 비트코인 가격이 폭발적으로 상승한 이유로 팬데믹이 불러온 경기 침체를 방어하기 위한 천문학적인 통화팽창, 그 결과로 발생한 제로 금리를 들 수 있다. 돈은 많이 풀렸고, 적절한 투자처를 찾지 못했던 돈들이 암호화폐 시장으로 몰려들었다. 이때 등장한 선물 기반 비트코인 ETF는 투자자를 끌어들이는 좋은 모멘텀이 되었다. 넘치는 돈, 낮은 금리의 대출, 그리고 선물 기반 비트코인 ETF라는 매력적인 투자 수단이라는 인식 덕분에 비트코인 가격이 폭발적으로 상승했다.

하늘 높은 줄 모르고 오르던 비트코인 가격에 재난이 닥쳤다. 코로나19가 진정되자 각국 정부는 인플레이션을 억제하기 위해 시중에 풀린 돈을 거둬들이기 시작했다. 미국은 10%의 인플레이션에 직면하자, 이자율을 큰 폭으로 인상하면서 돈줄을 죄었다. 미국 연방준비은행은 빠른 속도로 금리를 인상했고 자연히 투자자들은 현금이나 금과 같은 안전 자산으로 빠르게 이동했다. 풍부한 유동성과 낮은 금리 덕분에 상승하던 비트코인 가격은 폭락의 직격탄을 맞았다. 시리고 매운 비트코인 혹한기가 시작된 것이다.

암호화폐 살인 사건

비트코인의 운명은?

튤립이 사라지듯
비트코인도 사라진다?

•

코로나19가 끝나고 높은 물가를 잡기 위해 각국의 중앙은행이 긴축 통화 정책을 실시했다. 미 연방준비은행이 금리를 올리자, 돈은 미국 채권으로 몰렸다. 시중에 넘쳐나던 돈이 줄자 암호화폐 시장은 급속히 얼어붙고 비트코인 가격도 하락했다. 대규모 투자자인 '고래'들이 비트코인을 매각하면서 암호화폐 시장을 패닉 상태로 몰아넣었다.

2022년 5월, 암호화폐 시장에 대형 참사가 일어났다. 한국인 권모 씨가 개발한 루나코인이 단 열흘 만에 가치의 90% 이상을 잃었다. 루나의 가격 폭락은 2022년 하락 조짐을 보이던 비트코인을 비롯한 암호화폐 시장이 급속히 붕괴하는 방아쇠를 당겼다. 사람들은 암호화폐가 튤립처럼 끝장날지도 모른다는 불안감에 떨었다.

암호화폐 살인 사건

열흘 만의 루나코인 대폭락

　루나코인의 가격 대폭락은 가뜩이나 불안해하던 비트코인을 그로기 상태로 몰았다. 비트코인 시세는 본격적인 하락장으로 진입했다. '추락하는 것은 날개가 있다'는 말이 무색하다. 비트코인은 하염없이 바닥을 향해 자유 낙화했다. 암호화폐 시장에 겨울이 왔고, 살을 에는 한파가 몰아쳤다. 비트코인의 가격은 2022년 12월 말 최고 가격과 비교해 무려 76%나 가치가 하락했다.

　비트코인 비판론자들은 암호화폐가 허구임이 드러났다고 말했다. 큰 손실을 본 투자자들은 더 이상 암호화폐를 돌아보지 않겠다고 선언했다. 사람들은 튤립이 지듯 암호화폐도 졌다고 판단했다. 상황이 나빠지면 온갖 부정적인 예측이 판을 치는 법이다. 비트코인 시세는 바닥을 뚫고 지하층으로 내려갔다. 비판론자들은 비트코인이 조만간 휴지가 될 것이라고 부정적 전망을 쏟아내었다.

엘살바도르 대통령의 무모한 도전

•

세상 이치는 알 수 없다. 암호화폐가 끝났다는 주장이 득세하는 데도, 비트코인의 부활을 믿는 사람이 있었다. 그들은 겨울의 한복판에서 오히려 비트코인을 사 모았다. 과감하게 물타기하는가 하면, 저점 매수 기회라며 보유량을 늘려갔다. 그들은 삭풍이 몰아치는 엄동설한이 끝나고 비트코인의 봄이 올 거라고 확고하게 믿었다.

무려 1억 달러어치의 비트코인을 구매한 엘살바도르의 나이브 부켈레 대통령도 그중 한 사람이다. 그는 달러와 비트코인을 법정 통화로 채택했고, 비교적 비싼 가격에 비트코인을 매입했다. 비트코인 가격이 크게 하락하는 바람에 국고에 큰 손실을 끼친 무능한 대통령이라는 비난을 받았다. 우리나라에서 이런 일이 일어났다면, 국민이 대통령을 탄핵하자고 들고일어났을 판이다.

최근 비트코인의 가격이 폭등하자 큰 반전이 일어났다. 엘살바도르의 비트코인 투자는 흑자로 전환했고, 지금 추세가 계속되면 큰 폭의 이익을 얻게 될 것이다. 나이브 부켈레 대통령은 당분간 비트코인을 매각할 의사가 없다고 밝혔다. 그러면서 자신이 손실을 봤다고 주장한 반대론자들의 사과를 요구했다. 국고를 암호화폐인 비트코인에 투자하다니 대단하다고 해야 할까, 아니면 무모하다고 해야 할까.

2023년 3월 초 발생한 미국 실리콘 밸리 은행과 실버게이트 은행의 부도 사태는 탈중앙은행 시스템을 주장하는 비트코인에 희소식이다. 미국 정부가 긴밀하게 대응함으로써, 금융 위기가 더 확산하지 않았다. 그렇지만, 이 사건은 제도권 금융 기관의 불안정성을 다시 한번 부각했다. 바닥을 다지며 위층으로 오를 기회를 엿보던 비트코인이 상승하는 동력으로 작용했다.

비트코인에 또 다른 반가운 소식이 들여왔다. 미국의 대형 금융회사가 비트코인을 기반으로 하는 현물 ETF(Exchange-Traded Fund)를 미국 증권거래위원회에 승인 요청했다. 비트코인 현물 ETF는 비트코인 자체에 직접 투자하는 펀드로, 비트코인에 대한 금융 기관 장벽을 낮추는 계기가 된다. 이것이 승인되면, 지금까지 제도권 밖에 있던 비트코인이 제도권으로 들어오는 엄청난 호재가 될 것이다. 이는 비트코인 시장의 자금 유동성을 풍부하게 만들어 비트코인 가격 상승의 동력이 될 것으로 보인다.

이뿐만 아니라 사람들은 2024년 4월이 비트코인 반감기라는 사실에 주목하고 있다. 4년을 주기로 비트코인 채굴 보상이 절반으로 줄어들고, 그만큼 비트코인의 추가 공급량이 줄어든다. 지금까지 2012년, 2016년, 2020년까지 세 차례에 걸쳐 반감기를 경험했고, 이때마다 비트코인 가격이 큰 폭으로 올랐다. 이 경험을 기억하는 투자자들은 비트코인의 가격 상승에 베팅하고 있다. 이들은 새롭게 추가되는 비트코인 공급량이 줄어들면 가격이 오를 것이라고 전망한다.

그동안 암호화폐 시장의 골칫거리들도 하나둘 청산되었다. 테라-루나 폭락 사태, 미국 최대 암호화폐 거래소 FTX 파산으로 비트코인도 하락의 직격탄을 맞았다. 그러나 사태의 주범들이 모두 법적 징계 절차를 받으면서 사태가 일단락되었다. 또 크게 물의를 빚은 바이낸스 CEO가 물러나면서 미국 사법 당국에 거액의 벌금을 무는 걸로 사태 해결을 합의했다. 이처럼 비트코인을 둘러싼 대형 악재들이 정리된 것도 투자자를 안심시키는 계기가 되었다.

두꺼운 비트코인의 팬층

●

2023년 12월의 비트코인 시장에는 현물 ETF 승인 신청, 금리 인하 가능성, 비트코인 반감기, 암호화폐 시장의 악재 청산 등 호재가 잇달았다. 사람들은 내년도 2024년 말에는 비트코인이 10만 달러로 상승할 것이라고 말한다. 심지어 몇 년 후에는 백만 달러로 상승할 것이라는 주장도 나왔다. 진짜 그렇게 될지는 아무도 확신하지 못한다. 일시적인 호재들은 시간이 지나면 사라지거나 경제 환경이 변하면 없어질 수 있다. 그러니 비트코인 시세가 어디로 튈지, 비트코인의 미래를 누구도 장담할 수 없다.

이런 호재보다 더 중요한 게 있다. 그것은 비트코인의 혁명성과 블록체인 기술의 혁신성을 믿는 팬들이 많다는 사실이다. 팬덤이 있는 한 스타는 쉽게 사라지지 않는다. 비트코인은 제도권 금융에 불안을 느끼는 사람에게는 디지털 사회의 새로운 금융 시스템이라는 메시지를 던지고 있다. 디지털 대전환이 끝나고 난 후의 세상에 지금의 금융 시스템이 건재할지, 아니면 비트코인 같은 새로운 금융 시스템이 자리를 잡을지는 누구도 알 수 없다. 역사적 경험에 비춰보면, 새로운

암호화폐 살인 사건

사회는 늘 예측하지 않은 모습으로 나타났기 때문이다.

JP 모건의 CEO 제이미 다이먼은 "비트코인의 유일한 진짜 사용 사례는 범죄, 마약 밀매, 돈세탁, 탈세를 위한 것."이라고 맹비난했다. 그는 정부에서 암호화폐 거래를 금지해야 한다고 주장했다. 이 말을 뒤집어 보면, 비트코인이 제도권에서는 정부 규제 탓으로 거래 수단이 되지 못하지만, 또 다른 한 편에서는 실제 거래 수단으로 활용되고 있음을 보여준다. 비트코인은 전통적인 금융 시스템과 다른 방식으로 가치를 전송하고, 새로운 거래의 수단으로 자리 잡고 있음을 시사한다.

탈중앙은행 시스템을 주장하는 비트코인과 각국의 중앙은행과 충돌이 불가피하다. 금융 권력을 방어하기 위한 각국 정부의 규제가 어떻게 진행될지도 비트코인의 장래에 중요한 변수가 될 것이다. 어쨌든 현재 일어나고 있는 비트코인 가격의 상승은 2021년의 비트코인 상승과 그 이유가 다르다. 그렇다면 그 미래는 어떻게 될까? 모든 투자는 상승 국면 뒤에는 하락 국면이 있기 마련이다. 그래서 지금의 비트코인 가격 폭등 뒤에 곧 대폭락이 올 것이라고 주장하는 사람도 많다.

비트코인에 투자해 재미를 보고 있는 사람은 달리는 호랑이 등에서 언제 뛰어내릴 것인지 고심할 것이다. 경기가 급속히 침체하거나, 인플레이션이 예상보다 길게 간다면 호재가 악재로 바뀔 것이다. 이자율 하락 속도가 예상보다 늦어지면 암호화폐 시장의 자금 경색도

풀리지 않을 수 있다. 모두가 잘 된다고 할 때가 상투라는 말도 심심찮게 나온다. 어떤 화려한 전망보다 본인이 시장을 냉철히 분석하고, 비트코인의 현재와 미래를 판단해야 한다. 성공과 실패는 오롯이 자기 몫이라는 사실을 분명히 인식하는 것이 좋다.

NB테크(NBTech)코인

전주(錢主)를 찾아라

●

암호화폐 발행 프로젝트를 이야기하다, 시계 테이프를 빨리 감아 2023년 12월로 왔다. 지금까지 암호화폐의 대장주인 비트코인이 왜 갑자기 가격이 올랐는지를 살펴보았다. 또 앞으로 비트코인을 중심으로 한 암호화폐의 현재와 미래를 진단했다. 한쪽에서는 비트코인의 시세 폭등을, 다른 쪽에서는 가격 대폭락을 말한다. 어느 말이 맞는지는 2024년 말 확인해 보기로 하고, 다시 2019년 5월로 되돌아가 이야기를 계속하자.

창문으로 5월의 햇살이 쏟아진다. 빛은 1초에 30만 킬로미터 속도로 달리는 태양을 떠난 지 8분 30초 만에 내 사무실을 찾았다. 1억 5천만 킬로미터의 먼 길 달려온 반가운 손님은 밝은 기운과 함께 돈을 갖다 줄 행운도 가져왔다. 아니 그렇게 믿고 싶은 심정이다. 후배와 나는 진한 커피를 마시며 잠시 숨을 고른 후 대화를 이어갔다.

"형님은 먼저 회사 사업에서 우리가 할 발행할 암호화폐 사업을 추가해야 해요. 그건 천연 공기 발생기 판매와 공기 청정도 데이터 거래를 포함하면 된다고 했죠. 그리고 사업 백서를 작성하고, 거래소 상장하는 일이 중요해요. 이건 우리 사업의 핵심 중의 핵심이죠."

말을 멈춘 후배가 잠시 머뭇거린다. 뭔가 비밀스러운 이야기를 하려나 보다. 천천히 후배가 입을 연다.

"형님, 코인 상장을 제대로 하려면 거래소 사람들한테 기름도 칠해야죠. 게다가 사업 백서에 첨단 기술 인정서가 들어가야 한다고 했잖아요. 그걸 받기 위해 환경단체나 협회에도 로비가 필요해요."

드디어 올 것이 왔구나. 나는 떨리는 마음으로 조슴스레 물었다.

"로비? 그거 위험한 일 아니야? 돈이 한두 푼 드는 것도 아니고, 나중에 문제가 되지 않을까."

내 표정이 너무 심각했을까. 후배가 웃으며 말한다.

"형님, 너무 불안한 표정이네요. 하긴 그럴 만도 하죠. 로비한다고 너무 걱정하지 마세요. 로비 자금으로 우리가 발행할 코인을 활용하면 되니까요. 암호화폐가 왜 암호화폐인가요? 비밀보장이 잘 되잖아요."

후배의 말을 들어보니 일리가 있다. 어차피 우리가 암호화폐를 발행할 것이고, 그걸 로비 자금으로 쓰면 된다. 당장 현금이 들어가는 것도 아니라 좋은 방법이다. 그리고 또 한 가지 장점은 암호화폐라 흔적이 남지 않는다는 사실이다. 제도권 금융 기관의 계좌를 이용하지 않고, 블록체인 전자지갑을 이용하니 거래 추적도 피할 수 있다.

후배의 설명을 듣고 나니, 불안한 마음이 다소 진정된다. 사실 사업하다 보면 법을 다 지키는 건 힘들다. 돈 벌려면 험한 일도 하게 마련이고, 법 지킬 거 제대로 지키면서 언제 돈 벌겠냐는 생각도 들었다. 좋다, 까짓것, 하는 김에 제대로 해보자고 마음을 다잡았다.

"형님, 또 한 가지 중요한 게 있어요. 이게 어쩜 우리 코인 사업의 성패를 좌우할 겁니다."

후배의 말이 갑자기 무겁다. 그의 말을 빌리면, 돈 많은 전주(錢主)를 끌어들이는 일이 중요하다. 처음에 코인 가격을 띄울 사람을 미리 포섭해야 한다는 말이다. 하기야 우리 회사가 이름이 알려진 것도 아니고, 사업 아이템도 조금 허황한 구성이 있기는 하다. 코인을 매집할 세력이 필요한 이유가 여기에 있다.

코인 시장 특성상 초기에 사람들 시선을 당기지 못하면 큰 재미를

암호화폐 살인 사건

볼 수 없다. 초기 물량을 소화해 줄 전주가 꼭 필요하다. 이 바닥을 잘 모르는 나로서는 난감할 따름이다. 그런 내 모습을 본 후배가 그 문제는 자기가 알아보겠다고 한다. 이런 고마운 일이 또 있나. 나야 그저 감사할 일이다.

NB테크(NBTech) 발행

•

사업 백서를 작성하기 위해 회사 이름과 코인 이름을 결정해야 한다. 후배와 진지하게 상의한 끝에 회사 이름을 '네처럴에어바이오테크놀로지'로 변경하기로 했다. 영어로 표기할 때는 'Natural Air Bio Technology'로 하기로 했다. 청정 공기 발생기와 데이터를 판매하는 회사라는 이미지에 어울리는 이름이다. 또 회사 이름을 줄여서 말할 때는 NB테크놀로지로 하면 간단해서 좋다. 자연스레 코인 이름은 NB테크(NBTech)가 되니, 현대 마케팅에 어울리는 세련된 네이밍이다.

이렇게 하고 보면, 컴퓨터나 팔던 업체가 너무 심하게 포장했다고 핀잔받을 수도 있다. 그런 말을 하든 말든 그게 무슨 대수일까, 지금은 이것저것 따질 상황이 아니다. 한번 양심을 접고 나니 뭐 그까짓 게 뭐가 무섭겠냐는 배짱도 생긴다. 코인이 잘 팔려 돈이 되면 그때 계획대로 사업할 거라고 변명도 마련해 두었다.

거래소 등록하려면 프로젝트 사업계획서, 다른 말로 코인 백서가 필요하다. 백서 안에는 프로젝트의 목적, 사용한 기술, 운영 계획, 블록체인 인프라를 기술해야 한다. 또 토큰의 역할과 분배 방식, 토큰이

암호화폐 살인 사건

가치를 창출하는 방법 등도 포함해야 한다. 거래소 등록 여부는 백서가 결정한다고 보면 과언이 아니다. 게다가 입맛 까다로운 투자자들을 설득하는 데도 그럴듯한 백서만큼 좋은 게 없다.

"백서 작성은 걱정하지 말고 제게 맡기시죠."

후배가 자신 있게 대답한다.

"그럼 나야 감사할 일이지. 그게 혼자서도 가능한가?"
"아뇨, 나도 백서 전문가에게 맡겨야죠. 우리 코인을 배당해 주면, 이 일을 할 친구를 알고 있어요."

나는 후배의 제안에 흔쾌히 동의했다. 누이 좋고 매부 좋은 일이니 마다할 이유가 없다.

코인 이름, 전주 구하는 일, 백서 작성하는 일까지 결정했다. 프로젝트의 골격을 잡고 나니 한결 앞날이 밝다. 이제부터는 코인 발생 숫자와 코인 배분 방법을 결정해야 한다. 이제 무엇보다 중요한 일을 매듭지어야 한다. 후배와 나 사이의 수익을 어떻게 나눌 것인가 하는 과제가 남았다. 이 작업이 끝나면 사람들이 우리 NB테크코인을 많이 사도록 홍보해야 한다. 지금 당장 "NB테크코인에 투자하세요!" 하고 소리치고 싶은 심정이다.

이익 배분,
마지막 패를 까다

발행 코인을 어떻게 배분할까?

•

어렵고 까다로운 일을 잘 매듭지었다. 이제 예민한 이야기를 해야 할 때가 됐다. 먼저 코인을 어떻게 분배할까 하는 문제를 풀기로 했다. 오늘은 한꺼번에 중요한 결정을 많이 내렸으니 다음에 만나서 코인 발행 숫자와 배분 방법을 논의하기로 하고 헤어졌다. 사실 이 이야기는 하루 만에 결정할 수 없고, 꽤 여러 날을 두고 서로 생각을 정리해야 한다.

후배와 내가 사업 스케줄을 정리하고 난 후, 약 2주의 시간이 흘렀다. 그동안 나와 후배는 코인 사업계획서인 백서에 들어갈 협력 업체 명단을 정리했다. 유명 대학과 대기업을 협업 기관으로 홍보하고, 환경 관련 단체 한두 군데의 이름도 올릴 생각이다. 회사의 이미지를 그럴듯하게 포장하기에는 이들 기관에 편승하는 것이 제일이다. 실제 협약을 체결할 수 있을지는 장담할 수 없지만, 이름을 올렸다가 빼는 식으로 치고 빠지기라도 해야 한다.

그 사이 후배는 평소 알고 지내던 거래소 상장 전문 중개인을 만났다. 그는 거래소에서 상장 업무를 총괄하는 간부와 실무 책임자를 꽉 잡고 있었다. 그가 상장을 주선한 코인만 해도 30개가 넘고, 한몫 단단히 챙긴 로비스트로 알려졌다. 후배는 그와 만나 우리 코인 상장 계획을 이야기하고 협력하겠다는 약속을 받았다.

시간도 어느새 6월 중순을 넘어 본격적인 여름으로 접어들었다. 한층 달아오른 열기만큼 우리의 투지도 활활 타올랐다. 다시 사무실에서 만난 우리는 코인 배분과 이익 배분에 관한 문제를 논의했다.

우리는 먼저 코인 배분과 관련해 다음과 같이 합의했다. 꽤 고심해 만든 안이다.

- 코인 발행량 : 1억 개
- 코인 사전 판매 : 3,000만 개(30%, 에인절 투자자, 전주, 프리세일(pre-sale))
- 프로젝트 설계자 : 1,500만 개(15%, 나와 후배)
- 전략적 파트너 : 1,000만 개(10%, 관련 공무원, 거래소 관계자 등)
- 고문단과 자문단 : 500만 개(5%, 환경단체와 협회 관계자)
- 생태계 : 3,000만 개(30%, 블록체인 공기 청정도 데이터 구매, 커뮤니티 활동 지원, 유효성 검정 채굴)
- 마케팅 예산 : 1,000만 개(10%)

우리는 1억 개의 코인을 발행하기로 했다. 이걸 시장에서 다 판다는 것은 아니고, 다 팔릴 일도 없다. 백서에 들어갈 계획을 그렇게 세웠다. 발행 코인 가운데 30%인 3천만 개를 상장 전에 미리 팔아 자금을 확보하기로 했다. 나와 후배 몫으로 15%를, 전략적 파트너 몫으로 10%를 떼어 놓았다. 프로젝트에 이름을 올릴 연구소와 협회 관계자 그리고 고문단과 자문단을 위해 5%를 배정했다.

우리 프로젝트의 핵심은 공기 청정도를 개선하기 위한 블록체인 네트워크 생태계를 조성하는 것이다. 우리 제품을 구매한 고객이 공기 청정도 데이터를 블록체인에 판매할 때 지불해야 할 코인을 남겨야 한다. 블록체인 네트워크 생태계 조성을 하겠다는 계획이 있어야 상장 평가에서 높은 점수를 받을 수 있다. 그래서 네트워크 활성화 몫으로 30%를 배정하고, 나머지 10%는 마케팅 예산으로 책정했다.

이렇게 배정된 물량을 한꺼번에 쏟아내면 코인 가격은 오르지도 못하고 폭락할 것이다. 벼룩도 낯짝이 있다고 했으니, 우리도 체면치레하기로 했다. 배정 물량의 반은 1년 이내 팔지 못하도록 장치했다. 후배와 내 몫으로 배정된 물량의 일부도 그렇게 조치했다. 그래야 남들이 손가락질해도 덜 낯간지럽다. '눈 가리고 아웅 한다'고 비난해도 어쩔 수 없는 노릇이다.

암호화폐 살인 사건

마지막 패를 깠다

•

촉이 빠른 사람은 간파했겠지만, 배정된 물량 이곳저곳에 후배와 내 몫을 숨겨 두었다. 두 번 다시 오지 않을 기회인데 허투루 날릴 수는 없다. 일반인이 알아채지 못하게 여러 곳에 분산해 두는 것도 사업 수완이다. 사람들 모르게 야금야금 물량을 시장에 팔 생각이다.

이제 마지막 남은 관문은 코인 판매를 통해 얻는 이익을 어떻게 나눌 것인가를 결정하는 일이다. 우리는 발행 코인의 할당과 그에 따른 이익 부분을 두고 며칠을 실랑이했다. 돈과 이익 앞에서는 선배도, 후배도 필요 없다. 누가 더 많이 가지느냐의 원초적 본능만 충돌한다. 그렇다고 악다구니를 써가며 서로 물고 뜯는 볼썽사나운 일은 없었다.

사무실에는 고풍스러운 벽시계가 달려 있다. 몇 해 전 프랑스 파리의 몽마르트르 언덕에 간 적이 있다. 그곳 노점상에 있던 중세풍의 시계를 발견했다. 한때 어느 귀족의 방에 걸려 있음 직한 시계라 내 눈을 사로잡았다. 그렇게 사 온 시계가 사무실의 품격을 높인다. 돈 이야기에 빠진 우리는 시곗바늘이 12시를 넘었는지도 몰랐다.

6월의 중순은 정오는 기온이 만만치 않다. 후끈 달아오른 우리는 이제 마지막 패를 깔 시간이다. 이익 배분을 생각하니 밥 생각은 저만치 달아났다. 아무리 친한 사이라도 돈 문제만큼은 분명해야 한다. 좋은 게 좋다고 두루뭉술하게 넘어갔다가는 나중에 큰 분란이 일어난다.

사무실 운영 경비, 홍보비, 거래소 등록 비용, 그리고 블록체인 사용 수수료 등 경비를 정리했다. 그러고 나서 각자 몫을 제한 코인 판매를 통해 얻는 이익을 5:5로 나누기로 합의했다. 거래 내용을 매일 투명하게 공개하기로 하고, 회계를 담당할 직원을 따로 두기로 했다. 거래소 상장 후 1년 이내에 이익을 청산하는 것이 좋다. 더 길게 끌고 가봤자 득 될 게 별로 없기 때문이다.

후배와 내가 처음 이 프로젝트 이야기를 시작한 것이 2019년 5월이었다. 그 후 세부적인 절차를 논의하고, 실행 계획을 차근차근 추진했다. 8월에 회사 이름과 정관을 변경하고, NB테크코인을 발행 업무를 실천에 옮겼다. 백서 작성을 시작하고, 협의체 관계자 이름도 확보했다. 유명 대학과 대기업을 협력 기관으로 선정하는 일은 벽에 부딪혔다. 궁여지책으로 일단 이름을 올려놓기로 했다. 그렇게 해도 그 큰 기관에서 일일이 확인할 수 없을 것이라 판단했고, 항의가 있으면 이름을 빼는 편법을 썼다.

처음 계획할 때는 NB테크코인의 거래소 상장을 2020년 5월을 목표로 잡았다. 그전에 필요한 준비를 모두 마치기로 했지만, 계획보다

암호화폐 살인 사건

실행이 늦어졌다. 우리가 실제 우리 코인을 거래소 상장한 것은 그보다 4개월 늦은 2020년 9월이었다.

가두리 펌핑과
시세 조작

가두리 양식장의 물고기

•

우리 코인 가격을 띄우는 일, 이게 제일 중요한 과제다. 후배와 나는 코인 프로젝트를 어떻게 진행할 것인지 많은 이야기를 나눴다. 코인을 어떻게 배분할 것인지도 논의했다. 이익을 반반으로 나누는 것으로 예민한 문제도 해결했다. 이제 남은 일은 코인 가격을 띄우는 방법을 짜는 것이다.

사실 거래소에 코인이 한둘이 아니다. 이런 형편에 코인을 상장했다고 누가 알아줄 리 없다. 상장 후 3개월 이내에 가격을 띄우지 않으면 그냥 잊힌다. 빨리 치고 빠져야 하는 것이 이 바닥의 생리다. 다 그런 것은 아니지만, 사업 전망이 모호한 코인들은 그렇게 한다.

"형님, 제 고향이 어딘 줄 아시죠?"

후배가 갑자기 고향을 묻는다.

"잘 알지. 남해 아닌가?"

암호화폐 살인 사건

나는 옛 기억을 더듬어 대답했다. 어느 해 여름 후배의 집이 있는 남해로 놀러 간 기억이 떠오른다. 깊고 푸른 남해를 눈이 시리도록 바라봤다. 그때 남해가 얼마나 짙은 인디고 파랑인지 알았다.

"그래, 부모님 잘 계시나? 옛날에 놀러 가 민폐를 끼쳤지. 아버님은 요즘도 배를 타시나?"

"아, 아직도 그걸 기억하세요? 부모님은 잘 지내십니다. 요즘은 배를 타시지 않고 가두리 양식을 합니다."

"가두리 양식? 맞아, 요즘 웬만한 어촌에서는 물고기를 양식한다면서?"

뜬금없는 후배의 고향 이야기에 의아했다. 후배는 뭔가 중요한 이야기를 하기 전에는 이렇게 에둘러 운을 뗀다. 또 뭔 이야기를 할지 귀를 세우고 들었다.

"그렇죠, 요즘 웬만한 어촌에서는 가두리 양식장을 해요. 바다 깊이 그물을 드리우고 고기를 키웁니다. 가두리 양식을 하면 물이 자유롭게 통과하므로 산소가 잘 공급되죠. 또 물고기 노폐물도 쌓이지 않아 고기가 건강하게 자랍니다. 물고기를 가둬놓고 키우다가 일정한 크기가 되면 팔죠."

"그야 그렇겠지. 물고기들은 쉽게 먹이를 구할 수 있어 좋긴 하겠네."

"맞아요. 그런데 이게 참 재밌어요. 형님, 잘 생각해 보세요. 낚시꾼들이 물고기들에게 떡밥을 주는 건 물고기의 욕망을 자극하는 일이죠. 가두리 양식장의 물고기는 주인이 주는 떡밥으로 살을 찌웁니다. 그러다가 어느 순간 주인 손에 끌려 나와 횟집으로 팔리죠. 횟집 주방장의 날 선 칼날 아래 해체되어 손님의 입으로 들어가면 물고기의 삶도 끝납니다."

"떡밥을 보고 달려드는 건 물고기 입장에서는 당연한 일 아닌가? 그게 뭐 어떻다고?"

가두리 펌핑의 암호화폐

•

"형님, 코인 시장에도 가두리 양식이 많아요."

아, 이게 후배가 하고 싶은 말이었구나.

"아니 코인을 어떻게 가두리 양식한단 말인가?"

나는 그게 무슨 말이냐고 되물었다. 그러자 후배의 답이 이어진다.

"작전 세력이 미리 특정한 코인을 대량으로 매집(펌프)해 가격을 떠 움니다. 시세가 목표치에 도달하면 대량으로 매도(덤프)합니다. 그다음 에는 어떻게 될까요?"

그야 너무 당연한 결말 아니겠는가.

"시세가 폭락하겠지. 그런데 그건 시세 조작 아닌가?"

나는 당황해서 물었다. 후배는 내 말에 친절하게 설명한다.

"네. 맞아요. 인위적으로 시세를 큰 폭으로 띄웠다가 매도해 큰 수익을 올리는 겁니다. 이때 일반 투자자들의 자금을 쉽게 인출하지 못하게 가두어 버립니다. 그 사이 코인을 대량 매도하고, 심지어 고객의 돈까지 빼돌립니다. 이것을 펌프-덤프(Pump and Dump) 전략이라고 해요."

"그게 우리 코인과 무슨 관계가 있나? 그렇다고 모든 암호화폐를 그런 식으로 거래하는 건 아니지 않은가?"

"물론 그렇죠. 일부이긴 하지만, 암호화폐 시장에는 이런 식의 시세 조작이 일어납니다. 자전거래를 통해 가격이 폭락한 암호화폐의 시세를 인위적으로 끌어올리죠. 그리고 난 후, 코인 업체는 '전산망 오류나 시스템 점검' 등 갖가지 핑계를 대고 자금의 입출금을 중단시킵니다. 마치 물고기를 가두리 양식장에서 가두듯이 투자자들이 코인을 팔지 못하게 하거나 자금을 인출하지 못하게 가둬놓는 거죠."

후배는 최근의 사례를 하나 이야기해 준다. 얼마 전에 크게 문제가 된 K토큰 사건이 바로 그 경우에 해당한다. K토큰 운영업체는 OTT 플랫폼 사업을 한다면서 암호화폐를 발행했다. 기존 투자자가 신규 투자자를 모집해 오면, 매월 자신이 투자한 금액의 20%의 이자를 주었다. 그것 말고도 이런저런 명목으로 소위 떡밥을 풀었다.

사람들은 앞다투어 투자했고, K토큰의 가격은 10,000원까지 치솟았다. 돌려막기식 다단계 투자는 곧 한계를 드러냈다. 그 사이 회사 대표는 코인을 대량으로 매각하고, 고객의 자금을 빼돌렸다. 회사 대표와 임원들은 온갖 편법과 불법을 저질러 투자자금을 횡령했다.

그 후 K코인 가격은 폭락을 거듭했고, 지금은 휴지가 되었다. 온갖 불법을 저지른 회사 관계자들이 대거 구속됨으로써 사건은 마무리됐다. 무려 180만 명의 투자자가 입은 수조 원의 피해는 고스란히 피해자의 몫으로 남았다. 이 사건은 불법 다단계와 가두리 펌핑을 결합한 방식으로 피해 규모가 매우 컸다.

후배의 갑작스러운 코인 다단계와 시세 조작 이야기를 들은 나는 몹시 당황했다. 이건 엄연한 불법이고, 생각지도 못한 일이라 한동안 말문이 막혔다. 그런 나를 보고 후배가 말한다.

"형님, 걱정됩니까? 우리가 그런 걸 하자는 말은 아닙니다. 이런 일이 왕왕 일어난다는 것을 말하는 겁니다. 만일 가두리 펌핑을 하더라도 우리는 직접 하지 않을 겁니다. 어차피 NB테크코인을 거래소에 상장하고 난 후에는 코인 판매를 용역회사에 맡기면 되니까요."

후배는 상장 코인을 대신 판매해 주는 팀이 있다고 한다. 우리 손으로 가두리 펌핑할 일도 없다는 말을 덧붙인다. 그의 말을 듣자, 걱정이 조금 누그러든다. 그렇지만, 앞으로 일이 어떻게 진행될지 기대와 걱정이 교차한다.

7배 시세 폭등

넉 달 만에 가격이
7배로 뛰다니

•

NB테크코인 가격이 7배나 뛰었다. 우리 코인을 사서 최고 가격에 팔았다면 재산을 일곱 곱절이나 불릴 수 있었다. 그건 로또 복권에 비할 바는 아니라도, 큰 행운임이 분명하다. 그런 돈 되는 코인을 우리 손으로 팔지 않았다. 그 말이 믿기는가? 우리 코인을 거래소 상장하기 전에 그 문제를 후배와 진지하게 상의했다.

"형님, 코인이 거래소에 상장되면 우리는 코인 판매에서 손을 떼는 게 어떨까요?"

이렇게 말하는 후배가 선뜻 이해되지 않았다.

"아니, 우리가 고생해서 만든 코인을 팔지 않는다고? 그게 무슨 말인가?"

당황한 나는 이렇게 물었다. 이때 후배의 잔머리가 빛을 발했다. 그는 코인 판매를 전문 중개인한테 맡기자고 제안했다. 우리가 직접 코인을 판매한다면 뒷감당을 하기 힘들 수 있다. 코인 투자로 손해 본 사람이 성가시게 할지도 모른다. 게다가 자칫 잘못하면 여러 가지 법적 문제에 휘말려 골치 아파진다. 그러니 코인 판매를 다른 사람에게 맡기자는 것이 후배 생각이다. 나도 곰곰이 생각해 보니 후배 말이 일리가 있다.

우리는 코인을 거래소 상장하기 전에 은밀히 사람을 찾았다. 후배의 인맥을 동원해 코인 판매를 대행할 강 전무를 소개받았다. 강 전무는 코인 전문가 집단인 MM(Market Making)팀을 거느리고 있었다. 그의 MM팀은 단순히 코인만 파는 것이 아니라 시세 조종도 한다. 우리는 강 전무와 NB테크코인 판매 수익의 35%를 지급하기로 약정했다.

NB테크코인은 2020년 9월 어느 날 거래소에 상장됐다. 상장 첫날 2,000원에서 출발한 시세는 약 2개월 사이에 약 4,000원까지 상승했다. 그러다가 다시 2,000원까지 하락했다. 강 전무는 코인 가격을 띄우기 위해 호재성 기사를 터뜨렸다. 우리 회사가 NB테크툴과 NB테크플랫폼을 개발했다고 공시했다. 이건 시세를 조장할 때 흔히 일어나는 정보 공시에 해당한다. 이 일을 모두 강 전무에게 맡긴 우리는 그저 느긋하게 지켜보면서 즐겼다.

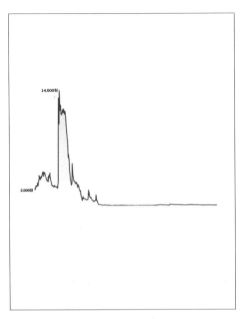

NB테크코인 시세 그래프

　　연이어 터트린 호재성 기사가 제대로 먹혔다. 그해 12월, 우리 코인
이 미친 듯이 상승했다. 1주일 만에 코인 가격이 14,000원까지 올랐
다. 첫날보다 가격이 7배나 오른 것이다. 그 후 10,000원 내외의 조정
을 받을 때, 강 전무팀은 우리 회사가 NB테크 DB를 구축했다는 소
식을 언론에 흘렸다. 사람들은 NB테크코인이 20,000원 이상까지 갈
거라는 기대감에 홍분했다. 가두리 양식장의 떡밥처럼 갖가지 잘못
된 정보가 인간을 탐욕에 빠뜨렸다. 그렇게 사람들은 욕망에 눈이 멀
고, 판단력이 흐려졌다.

암호화폐 살인 사건

고양이 쥐 생각하기

•

2021년 1월 중순이 되자 우리 코인의 약발이 현저히 떨어졌다. NB 테크코인 가격은 수직으로 하락했다. 팔자 물량이 쏟아졌지만, 살 사람이 없었다. 1월 말, 코인 가격은 가격이 다시 2,000원까지 폭락했다. 이후 5월 중순 주가가 3,500원까지 오르자 대량 매도가 터졌다. 이것으로 파티는 모두 끝났다. 더 먹을 것이 없어지자 MM팀은 마지막 판을 설거지했다. 2년 가까이 끌어온 우리의 프로젝트도 대단원의 막을 내렸다.

후배와 내가 돈을 얼마나 챙겼냐고? 그 질문에 답할 수는 없다. 한 몫 챙긴 것은 맞지만, 이것저것 제하고 나면 목표치에는 못 미쳤다. 한 가지 힌트를 주자면, MM팀이 우리 물량을 집중으로 털어낸 것은 10,000~14,000원이다. 이때 투자로 손해 입은 사람의 피해 금액이 얼추 300억 원이 된다고 한다. 꽤나 짭짤한 수익을 올렸다고? 우리 몫이 얼마일지는 독자의 상상으로 남긴다.

거래소에 상장도 안 된 코인이 최근 일주일 새 가격이 5배가 오르는 일도 있다. 국내 가상자산시장 유명 인사가 발행한 코인은 일주일

새 가격이 4만 원에서 20만 원으로 뛰었다.

아직 상장도 되지 않았으니 백서도 없고, 사업계획도 알 수 없다. 무슨 목적으로 코인을 발행하는지도 모른다. 이런 말도 안 되는 일이 코인 시장에서 벌어지고 있다. 법망이 촘촘해지고, 규제가 강화되면 사업 목적이 모호한 코인들은 정리될 것이다. 변명같이 들리겠지만, 우리는 허술한 제도를 비집고 실제 코인을 발행하긴 했다.

내가 이런 말 하는 건 좀 우습지만, 코인 투자할 때는 진짜 주의를 많이 해야 한다. 블록체인 기술을 잘 활용하고, 명확한 사업계획을 가진 양질의 코인들도 있다. 그들은 널리 인정받는 블록체인 프로젝트들을 수행한다. 이런 코인을 사두면 돈이 될 가능성이 크다.

하지만, 기술의 진보성을 인정한다 해도, 코인의 시세 변동 폭이 크다는 사실을 명심해야 한다. 기술력이 현실화되고, 그것이 상업적 가치가 안정될 때까지는 시간이 걸릴지도 모른다. 코인을 살 생각이 있다면, 이런 내용을 잘 따져보고 사는 것이 좋다. 고양이가 쥐를 생각하는 격인지만, 내 경험을 새겨들어 나쁠 게 없다.

만찬 뒤의 설거지

만찬 뒤의 후유증

•

NB테크코인 프로젝트는 끝났다. 후배와 나는 제법 쏠쏠하게 재미를 봤다. 코인 시장이든, 주식 시장이든 돈을 번 사람이 있으면 잃는 사람이 있다. 시세가 계속 오를 수만은 없는 일이고 보면 떨어지는 시세 앞에 쪽박차는 사람이 생길 수밖에 없다.

강 전무가 끌어들인 전주가 크게 손해를 봤다. 그는 강남에서 큰손으로 알려진 윤 사장이다. 후배가 영특하게도 전주인 윤 사장을 끌어들이는 일까지 강 전문에게 맡긴 것이다. 일이 이렇게 되고 나니 후배의 판단이 얼마나 훌륭한지 새삼 실감 난다.

강 전무의 소개로 윤 사장은 우리 코인에 2억 원을 투자해서 5억 원을 벌었다. 1주일도 안 돼 큰 수익을 올린 그는 투자 금액을 40억 원으로 늘렸다. 강 전무가 중간에서 바람을 넣은 모양이다. 아뿔싸, 그가 매도 타이밍을 놓쳐 크게 손해를 봤다. 윤 사장은 설거지 당했다는 생각에 화가 머리까지 났다.

"당신들이 나한테 이럴 수가 있어? 나를 설거지하고도 무사할 것

암호화폐 살인 사건

같아?"

윤 사장이 다짜고짜 사무실로 찾아와 내게 크게 소리쳤다. 아닌 밤에 홍두깨도 유분수지, 난데없이 나를 찾아온들 무슨 소용이 있나.

"아니, 윤 사장님, 그게 무슨 말이죠? 저는 도통 영문을 모르겠어요."

나는 어리둥절한 표정으로 말했다. 사실 나는 그를 몰랐다. 다만 강 전무를 통해 그가 거액을 들여 우리 코인을 샀다는 이야기만 들었다.

"내가 윤 사장님과 직접 거래한 것도 아니고, 그전부터 우리가 아는 사이도 아니었잖아요. 그러니 나보고 그런 말을 하니 이해할 수 없어요."
"이거 왜 이래? 강 전무가 당신 식구 아닌가? 다 알고 왔는데 발뺌한다고 되겠어요?"

화가 풀리지 않은 윤 사장이 씩씩거리며 말한다. 그러면서 할 말 안할 말 다 쏟아낸다. 그렇다고 뭐 뾰족한 있는 것도 아니면서 말이다.

"이봐요, 윤 사장님, 상황을 정확하게 알고 말씀하세요. 나는 코인 판매와 관련이 없어요. 코인 판매권을 모두 강 전무에게 넘겼어요."

나는 또박또박 윤 사장의 말을 반박했다. 한참을 서로 옥신각신했지만, 한결같은 내 말에 윤 사장은 대답할 말을 잃었다. 화가 머리끝까지 난 윤 사장은 혼자 길길이 날뛰다가 두고 보자며 문을 박차고 나갔다.

내가 한 말은 모두 사실이다. 코인 거래 전에 나와 윤 사장은 일면식도 없었다. 그런 그가 내게 항의한들 무슨 아무 소용이 없다. 후배가 이런 사태가 있을 수 있다고 미리 귀띔을 해둔 터라 크게 놀라지 않았다.

후배와 나는 이런 사태를 대비해 코인 발행과 판매를 분리한 것이다. 우리는 회사 내부에 마케팅과 홍보를 담당 직원조차 두지 않았다. 강 전무의 MM팀이 시세를 조정할 때 우리는 국내에 있지도 않았다. 그때 나와 후배는 몰디브 해변에서 휴양을 즐겼다. 그런 우리가 코인 설거지하느라 구정물을 묻힐 리가 없다. 우리는 코인 판매 현장에서 멀찌감치 떨어져, 굿을 보며 떡을 맛보고 있었다.

NB테크코인에 투자했다 손해를 본 사람이 많다. 그런데 그게 후배와 내 책임인가? 그들도 가두리 양식장의 물고기처럼 떡밥에 관심이 많았다. 그들의 탐욕이 그렇게 만들었다. 그렇다고 우리가 썩 잘했다는 말은 아니다. '악어의 눈물로 보이겠지만, 우리도 피해 본 사람들한테 미안한 감정을 느낀다.

암호화폐 살인 사건

손실을 배상하라고?

•

"이봐, 강 전무! 자네가 나한테 어찌 이럴 수 있나? 최소 다섯 배를 번다고 하지 않았나? 그런데 이게 뭐야? 쪽박이잖아. 내 돈 어떻게 할 거야?"

"윤 사장님. 나도 시장이 이렇게 될 줄 알았습니까? 내가 일부러 시장을 그렇게 만든 것도 아니잖습니까?"

"뭐, 당신이 뻔뻔하게 그런 말을 하다니, 당신 정말 이럴 거야?"

"왜 내가 틀린 말 했습니까? 욕심을 줄이고 두 배 올랐을 때 팔지 그랬어요."

"당신이 이 코인은 다섯 배 장사한다고 말했잖아? 그렇게 말을 바꿔도 돼?"

"아니, 그때야 전망을 그렇게 했죠. 그때 제가 분명히 말씀드렸잖아요. 시세라는 게 그렇죠. 더 갈 수도 있고 덜 갈 수도 있다고 했어요. 기억 안 납니까? 그러니 파는 것은 윤 사장님이 알아서 잘 챙기라고 당부하지 않았나요?"

"이제 와서 그걸 말이라고 하나? NB테크코인이 유망하다면서 사람을 끌어들일 때는 언제고? 뭐 파는 시세를 나보고 결정하라고 권유했다고? 언제 당신이 내게 그런 말을 했어?"

"예, 분명 저는 그렇게 말했습니다. 나도 빠져나갈 구멍을 만들어야죠. 그래서 투자를 권유하면서 가격이 오를 것이라고 말하지만, 파는 것은 알아서 잘 판단하라고 말합니다."

윤 사장과 강 전무 사이의 언쟁이 격해졌다. 막무가내로 손해를 배상하라는 윤 사장의 우격다짐에 강 전무도 강하게 나왔다. 눈 하나 깜짝하지 않는 강 전무를 본 윤 사장은 화가 나 펄쩍 뛰었다. 이 바닥의 두 베테랑이 맞붙었지만, 역시 돈을 잃은 사람 입장이 늘 궁색하다. 윤 사장의 투자 손실은 본인과 아무 상관 없다는 강 전무의 냉랭한 반응에 윤 사장은 목덜미를 잡고 넘어갈 지경이다.

"강 전무, 이거 왜 이래? 당신들이 나를 설거지 대상으로 찍은 걸 알고 있어. 내 돈 40억 원을 날로 먹고도 무사할 줄 아는 모양인데, 천만에. 좋지 않을 거야. 빨리 내 돈 어떻게 할 건지 해결 방안을 제시하는 게 좋아."

"윤 사장님은 투자하신 겁니다. 만일 윤 사장님이 큰돈을 벌었다면 저한테 그 돈을 나눠주실 겁니까? 그럴 생각이 없잖습니까? 돈을 벌면 자기 능력이고 손해를 보면 남 탓하면 안 되죠."

그 후로도 윤 사장은 강 전무에게 수시로 협박했다. 이 바닥에서 닳고 닳은 강 전무도 끔쩍하지 않았다. 오히려 그는 윤 사장의 욕심이 과해서 사태를 그르친 거라고 타박했다. 강 전무와 윤 사장은 관계를 회복할 수 없는 원수 사이가 되었다. 이때부터 이들 사이에 무슨 일이 일어날지 모른다는 불길한 예감이 들었다. 화려한 만찬 뒤에 어두운 그림자가 드리웠다.

납치와 살인,
그리고 그 후

납치

•

큰돈을 날린 윤 사장은 분을 참을 수 없었다. 한동안 강 전무와 입씨름하던 그는 독이 오를 대로 올랐다. 도저히 말로 해서는 안 되겠다고 생각했다. 그는 다른 방법으로 본때를 보이기로 마음먹었다.

당시 강 전무는 여러 코인의 판매를 대행하고 있었다. 이 사실을 잘 아는 윤 사장은 강 전무의 코인을 받아내려고 했다. 그렇지만, 이 세계에서 산전수전뿐만 아니라 공중전까지 경험한 그가 순순히 코인을 내줄 리 만무하다. 이 분야에 눈 밝은 윤 사장은 은밀하게 작업을 진행했다.

윤 사장은 평소 가까이 지내는 후배를 불렀다. 그는 각종 이권 다툼에서 윤 사장의 해결사 노릇을 도맡아 했다. 그에게 상황을 설명한 윤 사장은 강 전무를 납치해 코인을 받아내라고 지시했다. 얼마나 독이 올랐던지 윤 사장은 후배한테 선뜻 1억 원을 지급했다. 이참에 강 전무를 제대로 손봐야겠다는 것이 윤 사장의 생각이다.

윤 사장의 지시를 받은 후배는 덩치가 크고 주먹깨나 쓰는 후배들을 불렀다. 과거에도 몇 차례 작업을 함께한 친구들이라 믿을 만하

암호화폐 살인 사건

다. 강 전무를 납치한 후 적당히 구슬려 코인만 받는 건 식은 죽 먹기다. 한두 번 해 본 일이 아니라 크게 걱정하지 않았다.

이들은 며칠 동안 강 전무의 동선을 세심하게 체크했다. 강 전무는 자정에 가까운 시간 아파트 관리사무소 쪽 입구로 귀가한다는 사실을 알아냈다. 그때는 아파트 주민들이 거의 다 집에 돌아온 시간이라 사람의 왕래가 뜸했다. 더욱이 아파트 관리사무소 직원들은 6시가 되면 불을 끄고 퇴근한다는 것까지 확인했다. 그들은 늦은 밤 관리사무소 쪽 입구로 들어서는 그를 납치하기로 계획했다.

3월 말의 어느 날, 이들은 아파트 입구 도로 어두운 곳에 차를 세웠다. 자정이 가까운 시간 아파트로 들어가는 강 전무를 강제로 차에 태웠다. 강 전무도 만만치 않은 사람이라 강하게 반항하며 소리쳤다. 그렇지만, 밤늦은 시간이라 사람 그림자조차 없다. 눈 깜짝하는 사이 전광석화처럼 일을 마친 차는 어둠 속으로 떠났다.

강 전무를 태운 검은색 차는 쏜살같이 어둠 속으로 달렸다. 자정을 넘긴 시간이라 도로는 한산했다. 차는 빠른 속도로 강원도로 접어들었다. 새벽이 되자 원주를 지나 홍천에 도달했다. 홍천을 지나면서 높은 산이 즐비하게 이어졌다. 홍천 휴게소를 지난 차는 고속도로를 벗어났다. 그리고 곧장 산길로 차의 방향을 틀었다.

살인

•

3월 말 산골의 밤은 아직 차다. 쌀쌀한 밤공기를 맞으며 그들은 한 적한 산기슭에 차를 세웠다. 깊은 산속이라 사방이 적막하다. 일행 중 한 명이 차 트렁크를 열어 곡괭이를 꺼냈다. 그들은 강 전무를 에 워싼다. 아무리 깡다구가 좋은 강 전무라도 살벌한 분위기에 기가 죽 었다.

날이 완전히 풀리지 않아 아직 땅이 딱딱하다. 곡괭이를 주면서 아직 녹지 않은 땅을 파라고 했다. 곡괭이질 몇 번에 강 전무는 금세 땀을 흘린다. 땅을 파던 그는 연신 살려달라고 애원한다.

"강 전무님, 일을 쉽게 풀어가시죠? 윤 사장님이 당신 설계로 큰 손 해를 본 거 다 압니다. 그걸 어떻게 배상할 겁니까?"

낮고 굵은 목소리가 짙은 어둠을 깨고, 밤공기를 흔들었다.

"아니, 그건 제 책임이 아닙니다. 그건 윤 사장님이 투자에서 실패

암호화폐 살인 사건

한 겁니다. 윤 사장님한테 물어보시면 잘 알 겁니다."

강 전무는 떨리는 목소리로 애원했다.

"이런, 말로 해서는 안 되겠구먼. 얼른 땅을 파기나 하세요."

어둠 속의 목소리에 잔뜩 날이 섰다. 갑자기 골짜기에서 휑하고 싸늘한 바람이 불어온다. 가뜩이나 살 떨리는 분위기가 음산해졌다.

"아니, 그러지 말고 말로 합시다. 어떻게 하면 좋겠습니까?"

강 전무가 초조한 목소리로 말한다. 그러자 낮고 차분한 목소리가 울린다.

"서로 좋게 갑시다. 다른 코인을 윤 사장님한테 주세요. 거래소 상장을 앞둔 코인이면 좋지 않겠어요?"

그러자 강 전무는 자기도 코인이 없다고 강변한다.

"저도 이제 코인이 없습니다. 코인 판매 대행을 당분간 하지 않을 생각이라 다 처분했습니다."

이들 사이에 한동안 실랑이가 이어졌지만, 시간만 흐르고 소득이 없었다. 날도 차고 밤은 더 깊어졌다. 어르고 달래도 강 전무는 요지부동이다. 급기야 일당 중 한 사람이 그에게 주먹을 휘둘렀다. 남은 두 사람도 합세해 코인을 내놓으라고 고함쳤다.

한참이나 계속되던 폭행이 갑자기 멈췄다. 이들도 뭔가 잘못됐다는 것을 알아챘다. 그때는 이미 강 전무의 숨이 끊어진 후다. 당황한 그들은 파다 만 구덩이를 마저 팠다. 차갑게 식어가는 강 전무의 시신을 구덩이로 밀어 넣고 흙으로 덮었다.

이들은 처음에는 살해할 생각까지는 하지 않았다. 그랬다면 아무리 늦은 밤이라도 사람들이 오가는 아파트 입구에서 납치하지 않았다. 더 은밀하게 일을 진행했을 것이다. 이런 일에는 항상 변수가 생기고, 계획대로 잘 안되는 경우가 많다. 갑작스러운 사태에 당황한 그들은 서둘러 그 자리를 떠났다. 서울로 돌아온 그들은 당분간 연락하지 말고 잠적하기로 했다. 따로 흩어진 그들은 뿔뿔이 어둠 속으로 사라졌다.

그리고 그 후

●

여기까지가 NB테크코인을 설계한 내가 알고 있는 사건 내용이다. 이제 NB테크 토큰과 관련한 일어난 이 일의 후일담을 정리하자. 나와 후배는 무사히 법망을 빠져나왔다. 우리가 사용한 편법의 증거를 찾기는 어렵다. 이미 요소요소에 빠져나갈 구멍을 마련해 둔 덕분이다. 그 중에서도 코인 판매를 강 전무에 넘긴 것이 신의 한 수였다.

납치를 지시한 윤 사장과 납치범들은 체포돼 실형을 선고받았다. 윤 사장은 살인 교사 혐의는 받지 않았다. 실형 내용이야 여기서 밝힐 필요는 없다. 세상일이 그렇듯이 죽은 사람만 억울하게 된 셈이다. 그리고 NB테크코인의 상장과 관련해 로비 대상이 된 인사들도 벌을 받았다. 그들이 우리 코인뿐만 아니라 다른 코인에 손을 댄 것이 들통났기 때문이다.

나와 후배는 당분간 조용히 숨죽이고 지낼 생각이다. 회사를 계속 꾸려가고 있고, 계획했던 사업을 이어간다는 공지를 올렸다. 진짜 그렇게 할 것이냐고 물어보면 대답할 말이 궁하다. 그렇지만, 형편이 되면 그렇게 할 생각은 있다. 언제 그렇게 될는지는 누가 알겠는가. 주식 시장과 코인 세상에는 별일이 다 일어난다.

지금 나는 해외 시장을 개척하려고 따뜻한 동남아에 와 있다. 사업 전망이 밝아지면 우리 코인에 다시 투자하겠다고? 이거 왜 이러실까. 내 이야기를 처음부터 제대로 듣지 않았구먼.

"소중한 재산, 잘 관리하세요!"

암호화폐 살인 사건

비트코인은 No,
블록체인은 Yes?

블록체인은 Yes, 비트코인은 No!!

•

월스트리트

NB테크코인 프로젝트로 목돈을 챙긴 나는 느긋한 마음으로 암호화폐 시장을 보고 있다. 회사를 운영하고 있지만, 관심은 예전 같지 않다. 한번 고기 맛을 본 나로서는 그 맛을 잊을 수 없다. 새로운 어

암호화폐 살인 사건

장을 차리기에는 이름이 알려져 상황이 녹록지 않다. 대신 비트코인과 이더리움을 쭉 살펴왔다.

나는 2024년 올 1월에 결정 날 것으로 알려진 비트코인의 현물 ETF를 기대하고 있다. 그러면서 나는 비트코인과 암호화폐와 관련한 월스트리트의 금융 권력자들의 말을 주의 깊게 듣고 있다. 그중에서도 특히 암호화폐를 싫어하는 한 사람의 이야기를 들어보자.

"나는 비트코인에 반대하는 대변인이 되고 싶지 않지만, 나는 빌어먹을 암호화폐에 관심이 없다. 그게 요점이다."

"나는 암호화폐를 싫어하지만, 블록체인이 진짜가 아니라는 뜻이 아니다. 스마트 계약이 진짜가 아니라는 뜻도 아니다."

JP 모건 체이스의 CEO 제이미 다이먼이 한 말이다. 그는 암호화폐를 지독히 싫어하고 혐오한다. 다이먼은 비트코인을 비롯한 암호화폐의 주요 사용처가 돈세탁과 탈세와 같은 범죄 활동에 있다면서 법으로 금지해야 한다는 주장을 편다. 그런 그도 비트코인의 기반이 되는 블록체인 기술 자체를 인정한다는 점은 흥미롭다. 그의 견해를 정리하자면 '블록체인은 Yes, 비트코인은 No!!'라고 할 수 있다.

다이먼은 탈중앙화 금융(DeFi)과 블록체인이 진정한, 새로운 기술이며, 공공 및 민간 부문에서 활용될 수 있다고 언급했다. 그가 운영하는 JP 모건도 블록체인 기술을 적극적으로 도입하였다. 뭐 여기까지야 별로 이상할 게 없다. 비트코인을 싫어하지만, 블록체인 기술을 인정하는 그들의 태도를 트집 잡을 이유가 없다.

문제는 비트코인과 암호화폐에 대한 그들의 이중적 태도에 있다. JP 모건은 지난 2019년 기관 투자자를 위해 이더리움 블록체인 기반 암호화 토큰 JPM 코인을 출시했다. 또 JP모건의 펀드 매니저들은 비트코인에 투자하고 있다. 더 놀라운 사실은 JP 모건이 비트코인(BTC) 현물 상장지수펀드(ETF) 출시를 준비 중인 블랙록의 지정 참가회사(AP, Authorized Participant)를 맡기로 했다는 것이다.

이만하면 꽤 놀라운 소식이다. 다이먼 회장은 입만 열면 비트코인을 욕하고, 심지어 거래를 법으로 금지해야 한다고까지 주장했다. 그런 그가 운영하는 회사가 비트코인 현물 상장지수 펀드의 중요 기관으로 참여하다니? 이게 도대체 말이 되는 이야기인지 혼란스럽다. 이쯤 되면 제이미 다이먼 JP 모건 회장은 겉으로는 비트코인을 욕하고, 뒤로는 비트코인을 사 모으는 건 아닌지 진심이 의심스럽다.

암호화폐 살인 사건

월스트리트가 비트코인을
싫어하는 이유

•

월스트리트의 금융 권력은 겉으로는 비트코인과 암호화폐를 맹렬하게 비난한다. 그들은 왜 이토록 비트코인과 암호화폐를 싫어할까? 왜 비트코인이 거품이고 아무것도 아닌 것으로 매도할까? 미래 기술을 수용하지 않으려는 태도인지, 아니면 미래를 읽는 현자의 지혜인지 모를 일이다. 이쯤에서 반대론자들이 비트코인을 부정하고 있는지 이유를 몇 가지로 정리해 본다.

사람들이 비트코인을 부정적으로 보는 가장 큰 이유는 높은 가격 변동성 때문이다. 암호화폐의 지나친 변동성은 투자자에게 큰 위험을 야기하고, 가치 저장 수단의 안정성에 의문을 제기한다. 사람들이 비트코인을 화폐의 대안으로 꺼리는 이유가 불안정한 가치 때문으로 볼 수 있다. 자고 나면 시세가 폭등하거나 폭락하는 디지털 자산을 안정적이라고 인정할 사람은 별로 없다.

다음으로 꼽는 이유로는 비트코인과 암호화폐가 불법 활동, 특히 돈세탁과 사이버 범죄에 사용될 수 있는 가능성 때문이다. 이러한 우려는 금융 기관이 비트코인을 법정 화폐의 대안으로 받아들이는 것을 데 있어 주저하게 한다. 사실 이 문제는 각국 정부가 비트코인을 인정하지 않기 때문에 지하경제에서만 사용되는 이유로도 볼 수 있다. 만일 비트코인 거래가 합법화되고 법적 안정화 장치를 마련하면 양성화할 수 있을 것이다.

사람들이 비트코인을 부정적으로 생각하는 또 다른 이유는 각국 정부가 암호화폐에 대한 법적 규정이나 장치를 마련하지 않았기 때문이다. 비트코인은 새로운 형태의 자산이기 때문에, 많은 국가에서 규제 및 법적 지위가 아직 명확하게 정립되지 않았다. 이러한 불확실성은 금융 기관이 암호화폐를 취급하는 데 있어 주저하게 만들고, 사람들이 그 안정성을 부정적으로 생각하게 만든다. 암호화폐에 대한 국제적인 협력과 규제를 마련하고, 투자자를 위한 명확한 법적 보호 장치가 제도화하면 사람들의 불안감을 해소할 수 있다.

월스트리트의 금융 권력자들은 비트코인을 중앙화된 금융 시스템에 대한 위협으로 간주한다. 디지털화폐는 은행의 역할을 줄이고, 거래에서 중개자가 필요 없게 만든다. 비트코인과 같은 분산 디지털화폐는 중앙화된 금융 시스템에 대한 대안이 될 수도 있다. 이는 전통적인 은행과 금융 기관의 역할을 바꾸고, 그들의 시장 지배력을 뿌리부터 흔들 수 있다. 혹시 이것이 달러 하나로 세상을 쥐락펴락하는 그들이 비트코인을 싫어하는 진짜 이유가 아닐까?

예측이나 전망 그리고 비판은 누구나 할 수 있다. 실제로 수많은

암호화폐 살인 사건

미래학자와 현자가 미래를 이야기한다. 그렇지만, 앞날을 제대로 맞추는 사람은 별로 없다. 지나고 보면, 대개 다 틀린 말로 판명이 났다. 그러니, 어느 한쪽의 말을 지나치게 맹신하지 말고 다양한 견해를 들어볼 것을 권유한다. 그러고 난 후, 자신만의 확고한 견해를 가지고 비트코인과 암호화폐를 바라봐야 한다.

비관론자의 명성과
낙관론자의 재테크

미래 통화의 헤게모니 싸움

●

　나는 지금 '암호화폐를 둘러싼 살인 사건'의 전말을 들려주었다. 그 이야기는 이만하면 되었을 것이다. 마지막으로 내가 비트코인에 투자한 이야기를 한다. 여기서 말하는 나는 글 속의 주인공이자, NB테크 코인으로 돈을 번 황 사장이다.

　자본주의는 한정된 자원의 효율적 배분이 가능한 경제 체제이다. 그걸 좋게 말해서 경쟁의 원리라고 말한다. 모양이야 어찌 되었든, 그건 결국 떡을 둘러싼 다툼이다. 자기 손에 든 떡을 빼앗으려 드는 세력을 용납할 리 없다. 자기 떡을 포기한 대가로 많은 사람이 배부르다 해도 그걸 선뜻 받아들일 사람이 얼마나 될까.

　탈중앙화 비트코인이 인플레이션 위험을 크게 줄인다고 한다. 또 금융의 공정한 분배에 도움이 된다고 한다. 한마디로 말하면, 일부 금융 권력자가 독점하는 떡을 모든 사람이 함께 공유하도록 하겠다는 것이다. 그렇다고 해도, 지금의 월스트리트 금융 제국이 과연 그걸 순순히 받아들일까? 전 세계를 달러 하나로 쥐락펴락하는 그들이 달러를 포기할 리 만무하다.

우리가 진지하게 고민해야 할 것이 이 점이다. '비트코인이나 이더리움 같은 암호화폐는 사기다. 그건 거품이고 튤립이다. 다단계 금융 사기와 다를 바 없고, 조만간 폭락할 것이다.' 우리는 암호화폐에 관한 이런 이야기를 수도 없이 듣는다. 그러니 비트코인이나 암호화폐를 쳐다보지 말고, 아예 외면하라는 주문을 듣는다. 비트코인에 투자하는 사람을 별난 사람으로 볼지도 모른다.

현재 시중에서 거래되는 코인이라는 이름의 많은 암호화폐가 제대로 된 내용이나 알맹이가 없는 것도 사실이다. 그저 사람들을 현혹해 한몫 챙기려는 불순한 사람들이 만든 것도 맞다. 그건 이미 여러 번 지적한 내용이다. 내가 NB테크 코인을 통해 돈을 번 과정을 상세히 설명한 것도 이 때문이다.

비트코인의 탄생 배경을 제대로 아는 사람이 드물다. 긍정하든, 아니면 부정하든, 대부분의 사람은 그것의 탄생 과정과 목적을 잘 알지 못한다. 또 비트코인의 안정화 장치인 블록체인 기술을 모른다. 딱딱하고 어려운 용어가 많아서 이해하기 쉽지 않은 탓도 있다. 그렇지만 최소한 그것이 뭔지나 알아야 지금 비트코인 가격이 상승하는 이유를 이해할 수 있다. 투자하고, 안 하고는 개인이 판단해야 할 몫이다. 모르고 비난할 바에는 아예 관심을 끄는 것도 좋다.

'비트코인'과 암호화폐가 진짜 거품이고 사기인가. 아니면 기존 금융 권력과 싸워 장렬하게 전사하는 새로운 기술일까. 정답을 알 수 없다. 그러나 적어도 튤립은 아닌 것은 분명하다. 남들이 뭐라고 해도 나는 여전히 비트코인의 혁신성을 믿는다. 그것이 새로운 통화의 대안이 될 것이라고 나도 장담하지 못한다. 그건 단순히 기술의 혁신성에 달린 것은 아니다. 디지털 세상의 헤게모니(Hegemony) 쟁탈전에서 결정될 문제다.

암호화폐 살인 사건

비트코인은 맛없는 신 포도인가?

•

나는 지금 동남아 해변가에서 여가를 즐기는 중이다. 코인으로 한 몫 챙긴 나는 그냥 있으니 좀이 쑤신다. 한 가지 고백할 일이 있다.

솔직히 나는 비트코인을 좀 갖고 있다. 나는 직접 암호화폐를 발행했고, 블록체인이 뭔지, 암호화폐가 어떤 건지 안다. 후배와 코인 발행을 준비하면서 웬만한 기술적 내용을 이해했고 비트코인의 혁명성을 알았다. 그런 내가 비트코인을 사지 않는다면 말이 되겠는가. 더구나 NB테크코인 프로젝트로 번 돈도 제법 두둑하니 나로서는 형편이 좋은 편이다.

내가 구입하자 비트코인 가격이 거짓말처럼 폭락했다. 그렇지만, 나는 크게 동요하지 않았다. 비트코인의 혁신성과 블록체인의 기술성을 인정하기 때문이다. 최근 비트코인 시세가 다시 움직이고 있다. 지금은 손익분기점을 넘었다. 나는 비트코인이 법정 통화를 대체할 것인가에는 관심 없다. 오직 가격이 오를 것이라고, 돈이 될 거라고 생각하고 투자했다. 지금 내 관심은 수익을 얼마나 남길 것인가, 또 언제 매도 타이밍을 잡을 것인가에 있다.

2024년 들어 비트코인 가격이 한때 6,000만 원을 돌파했다가 그 언저리에 있다. 미국 증권거래위원회가 비트코인 현물 ETF를 조만간 승인할 것이라는 기대감 때문이다. 1월 10일 전후로 승인될 것이라는 소문이 파다하다. 그렇게 되면 비트코인 가격이 크게 상승할 거라는 전망이다.

한편으로는 승인 결정이 몇 개월 뒤로 미뤄질 것이라는 보도가 나왔다. 그러자 한순간에 비트코인 가격이 10%나 폭락했다. 이 때문에 비트코인 가격은 조만간 30% 가까이 떨어질 거라는 이야기도 나온다. 비트코인에 투자한 사람 중에는 잠 못 드는 긴 겨울밤을 보내는 사람도 많을 것이다.

미국 주식 시장의 비트코인 현물 EFT 상장 승인 여부가 2024년 1월 10일 전후에 결정된다고 했다. 비트코인의 현물 ETF가 승인이 나든, 승인 결정이 다시 미루어지든. 비트코인 가격이 크게 요동칠 것이다. 불과 며칠 남지 않은 시간을 정확하게 예측하기가 힘들다. 비트코인 투자자들은 어떤 결론이 초조한 마음으로 지켜본다.

그렇다면 나는 어떻게 할 것이냐고? 나는 설혹 비트코인 현물 ETF 승인이 나지 않더라도 실망하지 않는다. 어차피 4월에는 비트코인 반감기라는 호재가 여전히 살아 있다. 그보다 디지털 세상의 새로운 통화 수단이자 블록체인 기술의 혁신성을 기반으로 한 비트코인의 역할을 믿기 때문이다. 그것의 실현 여부와는 관계없이 적어도 가치재의 기능을 가졌다고 본다.

암호화폐 살인 사건

높은 곳에 달린 포도를 따 먹을 수 없는 이솝 우화의 여우가 생각난다. 여우는 포도를 간절히 원했지만, 너무 높은 곳에 달렸다. 여우는 하는 수 없이 포기한다. "저 포도는 분명히 시어서 맛이 없어!"라고 중얼거린다. 우리도 마찬가지다. 도달할 수 없는 목표나 소망을 '신 포도'로 여긴다. 하긴, 그렇게 해야 정신 건강에 좋긴 하다.

누구에게는 비트코인이 '맛없는 신 포도'라 아예 관심의 대상이 되지 않는다. 또 누구에게는 혁신의 상징일 수도 있다. 솔직히 나는 그 문제를 심각하게 생각하지 않는다. 나는 무거운 엉덩이로 앉아 기다릴 것이다. 살 때보다 가격이 올랐으니 당분간 버틸 여력도 있다. 나는 비트코인이 통화를 대체할지 여부는 모른다. 다만 당분간 그것이 돈이 될 거라는 사실을 확신할 따름이다.

'비관론자는 명성을 얻고, 낙관론자는 돈을 번다.'는 투자 격언이 있다. 입만 열면 조만간 심각한 경제 위기가 닥친다거나 주식이 폭락할 것이라고 말하는 사람이 있다. 비가 올 때까지 기우제를 올리는 인디언이나 마찬가지다. 주야장천(晝夜長川) 주가 폭락을 외치다 보면 언젠가는 그런 날이 한 번은 오긴 온다. 그런 사람은 족집게 예언가로 이름을 날리지만 돈은 벌지 못한다.

그렇다고 아무 근거도 없이 시장을 낙관하는 일도 위험하다. 구렁이 알같이 소중한 재산을 이것저것 함부로 투자하다간 패가망신한다. 무슨 일을 하든 제대로 알지 못하면 아니하는 것보다 못하다. 주식이든, 비트코인이든 제대로 알고 투자해야 한다. 제대로 분석하고 확신한다면 그다음부터는 좀 길게 봐야 한다. 물론, 빠른 매매나 회전에 자신 있는 사람이라면 생각을 달리할 수도 있을 것이다.

어느새 내가 머무는 해변에도 노을이 진다. 공기가 유난히 맑은 이곳 수평선의 대답 없는 붉은 노을이 참 아름답다. 그동안 나는 충분한 휴식을 취했고, 국내의 여러 문제도 정리되었다. 며칠 있다가 서울로 돌아갈 예정이다. 돌아가서 후배와 모처럼 회포를 풀어야겠다.

이걸로 내 이야기는 모두 끝났다. 그동안 비트코인과 암호화폐, 블록체인 기술을 이야기했다. 우리가 발행한 NB테크 토인 때문에 벌어진 살인 사건의 전말도 들려주었다. 남은 것은 내가 투자한 비트코인의 수익률이다. 폭삭 망할지, 아니면 제법 돈을 벌지 누가 알겠는가. 이건 아직 진행 중이라 다음에 결과를 말할 기회가 있을 것이다.

문제는 달러야!

달러가 만능인가?

•

　미국의 중앙은행을 연방준비은행(Federal Reserve Bank, FRB)이라 부른다. 이곳은 은행의 은행이자 세계의 은행이다. 감히 이에 대적할 금융 기관은 세상 어디에도 없다. 미국 연방준비은행 의장의 말 한마디에 세계 경제가 휘청거리고, 세계 주식 시장이 패닉 상태에 빠진다. 제롬 파월 현 FRB 의장의 입은 태평양 건너 대한민국에 살고 있는 우리까지 웃고 울게 만든다. 이게 어디 그의 힘인가, 순전히 달러의 힘이지. 아리송한 이 현상을 이해하려면 달러가 어떻게 해서 세계 유일의 결제 수단이 되었는지 알아야 한다.

　화폐 혹은 통화라고 하면 무엇이 떠오르는가? 당연히 동전과 지폐가 먼저 떠오른다. 그다음으로 은행에 예치한 예금도 생각날 것이다. 화폐는 경제를 순환시키고 건강한 상태를 유지하게 하는 피와 같다. 피는 몸을 순환하며 인체의 장기가 필요로 하는 물질을 전달한다. 피가 없으면 생명체는 생존할 수 없듯이, 화폐 없는 경제를 상상조차 할 수 없다. 아득한 고대 사회부터 중세, 그리고 자본주의 경제로 이어지는 동안, 화폐는 경제를 움직이는 동력이자 부의 상징이 되었다.

메소포타미아, 페르시아, 그리스, 로마 그리고 고대 중국은 고유한 화폐를 발명했다. 이들 화폐는 제국의 팽창과 함께 세계 각지로 퍼져 나갔다. 특히 화폐는 중세 말기의 상업 부흥에 중요한 기폭제가 되었다. 스페인은 남미를 식민지로 삼고, 그곳에서 많은 양의 금과 은을 약탈했다. 그들은 이것을 기반으로 통화를 발행했고, 한때 스페인 화폐는 막강한 위세를 떨쳤다. 뒤이어 영국과 프랑스도 식민지를 통해 획득한 금과 은을 기반으로 자국의 화폐를 발행하여 세상에 퍼뜨렸다.

역사적으로 화폐를 찍을 수 있는 권한은 오직 중앙정부만 갖고 있다. 오랫동안 각국 정부는 돈을 함부로 찍어낼 수 없었고, 국가가 보유한 금의 양만큼만 돈을 발행했다. 돈을 찍을 낼 수 있을 만큼의 실물 자산을 보유해야 했다는 말이다. 이러한 제도를 금본위제도라고 불렀다. 이것은 근대 경제체제를 구축하면서 각국이 설정한 통화 발행의 원칙이라 할 수 있다.

금이나 은 등의 실물 자산이 없으면 정부는 함부로 돈을 찍을 수 없었다. 이 원칙 때문에 정부는 통화를 안정적으로 관리할 수 있었다. 그 덕분에 통화 팽창으로 물가가 큰 폭으로 상승하는 일도 없었다. 또 과도한 통화 발행으로 나라가 빚을 지는 일도 없었다. 정부가 통화를 남발함으로써 물가가 상승하는 일도, 그 바람에 사람들의 살림살이에 주름이 생기는 일도 지금보다는 훨씬 적었다.

1, 2차 세계대전으로 연합국은 엄청난 전쟁 비용을 치렀다. 전쟁이 끝나자, 연합국의 금 보유량이 크게 줄었다. 그나마 형편이 나은 미국

도 베트남 전쟁에 막대한 비용을 지출했다. 전비를 조달하느라 미국 정부의 금 보유량도 크게 줄어들었다. 1971년, 미국의 닉슨 대통령은 달러와 금의 교환을 일방적으로 중단했다. 미국 정부는 전격적으로 금본위제도를 폐지하고, 금 보유량과 상관없이 달러를 찍어내겠다고 선언했다. 달러와 금의 연결 고리가 끊어지자, 물가는 큰 폭으로 뛰고 달러 가치는 하락했다.

달러 가치가 하락하자, 달러의 지위도 흔들렸다. 바로 그때, 미국과 최대 산유국인 사우디아라비아 사이에 비밀 협정이 체결되었다. 1975년 당시, 미국은 사우디아라비아 왕권을 보장해 주고, 대신 석유를 달러로만 결제하기로 협약한 것이다. 지금도 그렇지만, 당시 세계는 석유가 없으면 한순간도 돌아가지 않았다. 이 협상 덕분에 달러는 세상의 유일한 결제 수단이 되었고, 무소불위의 권력을 갖게 되었다.

문제는 달러야!

•

미국의 달러

달러를 앞세운 미국은 금융 권력을 휘두르며 세계 금융 질서를 통제했다. 금본위제도를 폐지한 미국 정부는 거침없이 달러를 찍었고, 그 결과 미국은 세계에서 가장 빚이 많은 나라가 되었다. 다른 나라에서 이런 일이 일었다면 신용등급이 폭락하고 국가 부도 사태가 일어났을 것이다. 그렇지만, 달러를 찍어내는 미국은 빚이 아무리 많아도 문제가 되지 않는다. 미국은 필요하면 언제든 돈을 찍고, 빚이 쌓여도 신경 쓰지 않는다.

미국 정부의 무분별한 통화 팽창은 전 세계적 인플레이션을 불러왔다. 미국의 물가상승률은 금본위제도를 채택한 1965년의 1.6%에서 1980년에는 13.5%로 크게 상승했다. 1970년대 초반, 1달러로 살 수 있었던 석유량이 지금은 그 당시의 2%밖에 살 수 없다. 달러 가치는 무려 98%나 폭락했고, 서민들의 삶은 힘들어졌다. 높은 인플레이션은 부자는 더 큰 부자로, 가난한 사람은 더 가난하게 했다.

COVID-19 팬데믹 기간 경기 침체를 방지하기 위해 미국 정부는 제로 금리를 유지했다. 이를 위해 엄청난 달러를 살포하지 않을 수 없었다. 미국 정부의 확장적인 통화 정책은 높은 인플레이션을 야기했다. 2021년의 미국의 인플레이션은 7.1%에서 2022년 9%를 상회했다. 이를 억제하기 위해 미국 정부는 급격하게 이자율을 올렸고, 기업과 서민 경제는 큰 타격을 입고 있다.

또 한 가지 주목해야 할 것은 금융 권력을 가진 중앙은행의 느슨하고 무능한 금융 기관 관리 정책이다. 2008년 발생한 미국 월스트리트 금융 위기는 세계 경제를 침체의 늪에 빠뜨렸다. 이 사건은 월스트리트의 금융 기관들이 경쟁적으로 부실 주택담보채권을 판매한 탓에 발생했다. 하루아침에 이자율이 큰 폭으로 상승하고, 금융 기관은 주택담보대출자의 대출을 회수했다. 내 집 마련을 위한 주택담보대출이 거꾸로 수많은 홈리스를 만들고, 그들의 가정을 파탄 나게 했다.

월가의 금융 임원들은 금융 위기를 초래한 파생금융상품을 판매해 수천억 원의 보너스를 챙겼다. 이들 금융 기관은 미국 정부의 천문학적 자금 지원으로 부실을 털어냈다. 또 이 과정에서 이들은 따로 추가 보너스를 두둑이 챙기고 유유히 월가에서 퇴직했다. 정말 놀랍게도 2008년 금융 위기로 처벌받은 월가의 임원은 한 사람도 없다. 미국 정부가 시중 금융 기관에 대한 각종 규제를 철폐하거나 완화하는 바람에 월가에는 도덕적 해이가 만연한 상태다.

중앙집중 금융의 방만하고 무능한 금융 정책이 일으킨 높은 인플레이션과 금융 위기는 우리의 경제적 삶을 힘들게 한다. 앞으로는 중앙정부, 특히 미국 정부의 지나친 통화 팽창과 부실한 금융 정책으로 서민들이 고통받는 일이 없었으면 좋겠다. 바로 이쯤에서 우리가 한 번쯤은 달러의 대안으로 암호화폐나 블록체인 기반의 디지털화폐를 생각해 봐야 하지 않을까? 비트코인 이야기만 나오면 무조건 외면하고 손사래 칠 일은 아니다. 굳이 비트코인이 아니래도 상관없다. 중앙정부가 주도하는 블록체인 기반의 디지털 통화 제도라면 또 어떤가.

수천 년 동안 법정 통화가 세계 경제 성장에 꼭 필요한 교환의 수단 노릇을 톡톡히 했다. 그렇지만 최근의 디지털 경제는 지금까지와 전혀 다른 새로운 금융 질서를 요구한다. 그래서 그런지, 늘 머리를 떠나지 않는 질문이 하나 있다. '꼭 달러만 고집해야 하나?' 그런 관점에서 2024년 1월 10일 오늘 미국증권거래위원회(SEC)가 비트코인 현물 ETF를 승인할 것인지 궁금하다. 승인을 거부할까? 이도 저도 아니면 승인 발표를 또 연기할까? 어떤 결론이 나든 시장은 요동칠 것이다.

틀립은 졌지만

튤립은 졌지만

●

    암호화폐를 둘러싼 납치와 살인, 그리고 NB테크코인 투자 이야기를 모두 정리한다. 황 사장이라는 가상의 인물을 내세워 코인이라 불리는 암호화폐가 어떻게 발행되는지를 알아봤다. 황 사장과 그의 후배가 만나 토큰 발행을 논의하며 암호화폐 프로젝트를 진행했다. 이들의 대화를 통해 우리는 코인과 토큰, 비트코인과 알트코인, 블록체인 기술을 제공하는 이더리움 플랫폼이 무엇인지 귀동냥했다.

    프로젝트는 성공적으로 끝났고, 이 두 사람은 돈을 두둑이 챙겼다. 밝음이 있으면 어둠이 있고, 돈 번 사람이 있으면 손해 본 사람도 있다. 윤 사장은 거래소 상장 전문가인 강 전무를 통해 황 사장이 발행한 토큰에 투자했다. 몇 배의 수익을 올릴 수 있다는 달콤한 꾐에 빠진 그는 거액을 날렸다. 분을 참지 못한 윤 사장이 손해를 보상받을 욕심으로 강 전무 납치를 사주했다. 윤 사장의 지시를 받은 납치범들이 강 전무를 우발적으로 살해하는 바람에 사건은 비극으로 끝났다.

    황 사장은 일찌감치 그들이 발행한 토큰 판매를 강 전무에게 맡겼

암호화폐 살인 사건

다. 그 바람에 납치와 살인 사건에 휘말리지 않았다. 그는 토큰 판매 수익으로 주머니가 두둑해지자 동남으로 여행을 떠났다가 지난주에 귀국했다. 그가 사둔 비트코인 가격도 올랐고 수익은 흑자로 돌아섰다. 때마침 그가 귀국하던 날인 2024년 1월 10일 미국 증권거래위원회가 비트코인 현물 ETF를 승인했다. 황 사장의 기분은 이보다 더 좋을 수 없다. 남은 것은 비트코인을 언제 팔 것인가를 결정하면 된다.

투기꾼들 사이의 폭탄 돌리기라는 비트코인 거래가 제도권으로 들어왔다. 그것도 세계 금융의 중심지인 월스트리트에 화려하게 입성했다. 지금까지 비트코인은 어둠 속의 불온한 화폐로 비난받았다. 아니, 화폐도 아닌 것이 화폐인양 위장한 사기꾼이라 욕먹었다. 튤립 광풍처럼 사기와 파탄으로 끝날 것이라는 사람들의 손가락질을 이겨 낸 것이다. 화려하게 꽃피운 튤립은 졌지만, 비트코인은 끝내 살아남아 세상 속으로 들어왔다.

혹자는 비트코인을 '디지털 금'이라고도 불렀지만, 사람들의 비웃음만 샀다. 얼마 전까지만 해도 미국 증권거래위원회가 암호화페인 비트코인 거래를 승인할 거로 생각한 사람은 아무도 없다. 그러나 이제는 디지털 자신이 비트코인이 금융 시장에서 버젓이 거래될 만큼 상황이 바뀌었다.

제도권으로 진입한 비트코인 가격은 한때 49,000달러를 돌파했다. 가격 상승은 이익을 실현하려는 사람의 비트코인 매도를 불렀다. 불과 며칠 사이 비트코인 가격은 4만 달러를 깨고 아래로 내려갔다. 그러자 비관론자들은 다시 비트코인 하락장이 시작되었다고 주장한다. 조만간 36,000달러까지 떨어질 거라고 예측한다.

비트코인 시세는 금방 40,000달러를 회복하고 42,000달러에서 횡보한다. 비트코인 현물 ETF가 승인되고 난 후, 1월 말의 상황이다. 이제 팔 사람은 다 팔았다고 투자자들은 안심한다. 이제 곧 다가올 4월의 반감기에 비트코인 가격이 올 거라는 부푼 꿈에 젖었다.

한 치 앞도 못 보는 게 인생인데, 비트코인 시세가 어떻게 될지 누가 알겠는가. 앞으로도 비트코인 가격은 요동칠 것이다. 그때마다 투자자의 간은 콩알 크기로 줄어들지 모른다. 오를 때는 행복해서 잠 못 이루고, 떨어지면 속이 쓰려 잠 못 드는 것이 투자자들의 밤이다.

황 사장은 당분간 비트코인을 팔 생각이 없다. 그는 아직 비트코인이 더 오를 거라고 확신한다. 반감기도 있고, 하반기에는 미국 연방준비위원회에서 이자율을 내릴 것이다. 이런 호재가 한꺼번에 터지는 것보다 하나씩 선보이는 게 낫다는 것이 황 사장의 생각이다. 그때마다 비트코인은 상승의 날갯짓을 할 것이라고 기대한다.

암호화폐 살인 사건

디지털 세상의 화폐는?

•

우리는 비트코인과 암호화폐가 이야기하고자 하는 메시지에 주목해야 한다. 세상은 빠르게 디지털로 전환했고, 세계 경제는 급속히 온라인화되었다. 전자상거래와 모바일 결제가 보편화한 지도 오래다. 스마트폰과 모바일 기기의 급속한 보급으로, 현금 없는 경제생활이 가능하게 되었다. 간편 결제 시스템, 전자화폐, 디지털 지갑, 암호화폐 등의 기술은 전통적인 화폐의 자리를 빠른 속도로 대체하고 있다. 국경을 넘은 거래, 빠른 송금, 저비용 거래를 장점으로 하는 블록체인의 비트코인이 그 선두에 있다.

디지털 경제 시대에는 법정 통화량을 옥죄는 미국 연방준비은행의 금리 정책에 문제가 있는 건 아닐까? 이자율을 한껏 올려도 미국의 물가가 잘 내려오지 않는다. 복합적인 이유가 작용하겠지만, 전통적인 통화 제도가 한계를 보이는 건 아닌지 궁금하다. 그렇다면, 블록체인 기반의 새로운 디지털 통화 제도를 참고하는 것도 좋다. 디지털화폐는 중앙집중 권력의 분산, 보안과 투명성의 강화, 국경 없는 거래의 편리성, 은행이 없는 곳에서도 이용 가능하다는 장점이 있다. 이것들은 지금의 통화 제도가 앉고 있는 문제점을 극복하는 새로운 방안을 제시하고 있다.

이제 우리는 암호화폐를 비롯한 블록체인 기반의 디지털 통화를 진지하게 연구해야 할 것이다. 하다못해, 디지털화폐(Digital Currency), 전자화폐(Electronic Money), 가상화폐(Virtual Currency), 암호화폐(Cryptocurrency)로 뒤죽박죽 사용하는 용어들이라도 깔끔하게 정리해야 한다. 일반인들이 보기에는 비슷하면서도 다르고, 얼핏 들으면 알 것 같지만 구분이 모호하다. 법정 통화와 전통 금융만 맹신하지 말고 새로운 기술을 과감하게 받아들이는 포용성이 필요하다.

좋든 싫든 우리는 이들 화폐와 떼려야 뗄 수 없는 세상에 살고 있다. 앞으로 디지털화폐의 비중이 증가하면 했지, 줄어들 일은 없다. 그렇다면 보다 적극적으로 문제점을 고치고, 불안정성과 불법성을 방지하기 위한 대책을 세워야 한다. 한여름 밤의 꿈처럼 신기루로 끝날 것이라는 비트코인이 현물 EFT로 월스트리트에 한 자리를 차지한 것이 현실이다. 더는 외면하지 말고 어떻게 하면 제대로 활용한 것인지 고민해야 할 때가 왔다.

이것으로 암호화폐와 비트코인 이야기를 모두 마친다. 금본위제도, 비트코인, 블록체인, 인플레이션 등 말만 들어도 딱딱하고 흥미가 떨어진다. 이들을 쉽게 설명하려고 '암호화폐 살인 사건'이라는 이야기로 썼다. 등장인물인 황 사장과 그의 후배, 윤 사장과 강 전무 등등은 가공의 인물이다. 암호화폐와 비트코인, 그리고 블록체인 기술

암호화폐 살인 사건

을 쉽게 소개하기 위해 각색했다. 이런 시도가 읽는 이에게 도움이 되면 좋겠다.